中国农金30人论坛
互学互鉴　共创共享
《中小银行卓越管理丛书》

# 普惠金融的浏阳密码

本书编写组◎编著

中国金融出版社

责任编辑：王雪珂
责任校对：潘　洁
责任印制：张也男

**图书在版编目(CIP)数据**

普惠金融的浏阳密码 / 本书编写组编著. — 北京：中国金融出版社，2022.11

ISBN 978-7-5220-1509-5

Ⅰ.①普… Ⅱ.①本… Ⅲ.①农村金融 — 商业银行 — 概况 — 浏阳 Ⅳ.①F832.35

中国版本图书馆CIP数据核字 (2022) 第024263号

普惠金融的浏阳密码
PUHUI JINRONG DE LIUYANG MIMA

出版发行 中国金融出版社
社址 北京市丰台区益泽路2号
市场开发部 (010) 66024766，63805472，63439533 (传真)
网 上 书 店 www.cfph.cn
(010) 66024766，63372837 (传真)
读者服务部 (010) 66070833，62568380
邮编 100071
经销 新华书店
印刷 保利达印务有限公司
尺寸 169毫米×239毫米
印张 16.75
字数 216千
版次 2022年11月第1版
印次 2023年3月第3次印刷
定价 59.00元
ISBN 978-7-5220-1509-5

## 本书编写组


李寿树　　胡琦文　　毛　圣

朱良柏　　肖　干

# 序一

## 参悟普惠金融密码　谱写乡村振兴华章

谁持彩练当空舞？芙蓉国里尽朝晖。

湖南农信深耕湖湘大地七十载，从小到大、由弱变强，业已成长为全省服务对象最多、服务范围最广、业务规模最大的银行业金融机构。近年来，在102家法人农商银行组成的湖南农信大家庭中，有一家表现得格外亮眼。她不仅是“农信湘军”的一面旗帜，也是全国中小银行的一个标杆，她就是本书的主角——浏阳农商银行。

通过几代人的团结奋斗和努力探索，浏阳农商银行在自身业务发展上取得了令人瞩目的佳绩，更赢得了社会大众的高度认可与肯定。之所以能从全省102家农商银行中脱颖而出，主要在于浏阳农商银行很好地掌握了一套“普惠金融密码”。

一直以来，浏阳农商银行始终坚持党建引领，不断加强党的建设，保持战略定力，在各个历史阶段有效贯彻党的金融政策，坚持“小、融、稳”经营之道，创造了自身业务发展与地方经济建设和谐互促的良好生态，形成了互利共赢的命运共同体。

一直以来，浏阳农商银行始终坚持为民情怀，深刻领会“江山就是人民，人民就是江山”的内涵，不忘服务“三农”初心，牢记“支农支小”使命，持续创新农村金融服务与产品，满足了老百姓日益增长的金融需求。

一直以来，浏阳农商银行始终坚持普惠金融，不断探索符合自身实际的普惠金融发展道路，深化与地方党政共建共创力度，有效融入当地基层治理，努力打通农村金融服务“最后一公里”，着力构建了经济金融共生共荣大格局。

大道至简，实干为要。站在“十四五”时期新的历史起点上，湖南农信系统将以学习浏阳经验为契机，进一步强化党的建设，持续探索具有湖南农信特色的普惠金融道路，努力将自身建设成一支有素养、有情怀、有实力的“农信湘军”，争当农村金融主力军、地方金融排头兵、普惠金融领跑者、乡村振兴主办行，不断推进湖南农信高质量发展，为湖南落实“三高四新”战略定位和使命任务贡献更大金融力量。

湖南省农村信用社联合社

2022年9月

# 序二

## “小、融、稳”是坚守普惠金融的胜利

2021年5月23日，借召开第二届中国农村金融30人论坛韶山会议之机，我曾到浏阳农商银行参观考察，亲眼见证这家全国标杆农商银行执着于“支农支小”背后温暖的亲情，隐藏于漂亮业绩之下长期的坚守。我内心不由感慨，不同于东部发达地区的农商银行，中西部地区农商银行也自有可供借鉴、宜于复制的经营管理之道。印象特别深刻的是，湖南农信在深耕普惠金融的愿景感召下，全系统102家法人行社去痾除弊、一派欣欣向荣的新气象。

“小、融、稳”是浏阳农商银行几十年的探索道路，也是湖南农信“普惠金融大战略、共生共荣大格局、行稳致远大目标”的最佳参考例证。十年树木，百年树人，农村金融的成长也是如此，包括浏阳农商银行在内，其产生、发展、壮大，直至在行业内独树一帜，必定要在经济社会持续向前的节奏里起舞和沉浮，经受磨砺，沉淀品格。并且，特别的环境产生特别的故事，打下特别的烙印，形成特别的经验。浏阳农商银行的“小、融、稳”正是这样。

放到历史大背景层面，我们能够更清楚地看到中国农村金融发展的脉络。20世纪70年代改革之前，农民资金匮乏，储蓄能力严重不足，农村金融

发展面临极大制约，“输血式”的政策资金注入成为农村金融发展的重要力量；改革开放后的农村金融市场，因为广阔土地上的生产力空前解放而迎来爆发式增长，建立健全的金融体制成为时代所需；进入20世纪90年代后，在以往探索的基础上，农村金融改革从体制机制角度入手，把政府干预与市场调节充分结合起来，农村金融发展迎来新机遇；迈入21世纪，随着社会主义市场经济不断深化，“三农”蓬勃发展，普惠金融的基础全面成熟，农村中小银行逐渐发展壮大成为全国金融体系的重要力量。在这个过程中，谁要是能够把握大势、俯身向下、做好本分，谁就能完成自己的网点、客户、人才、利润等“原始积累”，进而赢得未来。谁要是“洗脚上岸”“贪大图洋”，谁就必然付出惨痛代价。

无疑，浏阳农商银行的多年探索、长期坚守是非常成功的。他们从农户小额信用贷、小微企业贷等入手，聚沙成塔，集腋成裘，服务当地金融市场的“长尾客户”，做好了“小”的本分；他们牢固树立“本土意识”，为地方经济社会发展雪中送炭，且赢得了地方党政的鼎力支持，融入地方环境之中，做好了“融”的文章；他们坚持“支农支小”初心，夯实经营管理根基，稳步提高服务质量，树立良好品牌形象，筑牢了“稳”的根基。“小、融、稳”的格局，实至名归。

需要说明的是，与其将浏阳农商银行的“小、融、稳”看作现成的经验，我更愿意将其看作一种工作态度、思考方式、革新过程。近年来，湖南农信从来没有停止改革探索的脚步，“小、融、稳”是其中的一个缩影，一个阶段性的成果。我相信，在实施乡村振兴、实现共同富裕的重大历史机遇面前，浏阳农商银行既能潜心修炼，臻于至善，也能因时而起，锐意进取，不断开辟高质量发展的新境界。

是为序。

朱进元<br>中国农村金融杂志社党委书记、社长<br>2022年9月

# 序三

## 小、融、稳：小型商业银行的成功之道

当前世界正处于百年未有之大变局。世界经济在2008年国际金融危机爆发后，陷入了“长期性停滞”格局。自2018年中美经贸摩擦升级以来，全球范围内政治单边主义与贸易保护主义此起彼伏。在这一背景下，中国政府提出要构建以国内大循环为主体、国内与国际双循环相互促进的新发展格局。总体来讲，中国经济的发展战略要从“以外促内”转变为“以内促外”，也即以改革带动开放，以国内大循环带动国内国际双循环。

从国内经济发展来看，一方面，随着人口老龄化的加速、增长主引擎从投资渠道到消费渠道的转变，中国经济潜在增速仍处于放缓的过程中；另一方面，过去几十年的高速经济增长埋下了一些经济金融风险隐患，防范化解系统性金融风险正是当前中国政府最重要的任务之一。

改革开放四十余年来，中国金融体系取得了长足发展，股票与债券融资占比持续上升。然而迄今为止，中国金融体系依然是由银行间接融资主导的。由于银行贷款更加偏好于具有稳定抵押品与长期信用记录的客户，中小微企业一直面临融资困难。尤其是在防范化解金融风险的背景下，商

业银行普遍收缩表外信贷，这进一步加剧了中小微企业融资难、融资贵的问题。

与大型国有商业银行以及股份制银行相比，以城商银行、农商银行为代表的中小商业银行普遍面临资本金不足、真实不良贷款比例较高、信贷风险更加集中于本地融资平台与国企、长期性战略规划不足等问题。例如，根据银保监会公布的最新数据，中国的农商银行达到1596家，占到全国银行业金融机构的35%。在上述背景下，当前很多农商银行都面临形形色色的问题与挑战。其中一个最重要的问题与挑战是，作为一家农商银行，如何根据自身的资源禀赋制定发展战略与商业模式，从而能够在日益激烈的竞争环境中生存下来并发展壮大?

在这方面，湖南浏阳农村商业银行或许能够为广大同行们提供一些有益的经验启示。在2021年底发布的第二十一届全国县域经济与县域综合发展百强排名榜单上，湖南省浏阳市位列全国县域经济与县域综合发展第8位，县域经济基本竞争力位居全国第10位。而在浏阳市19家银行机构中，浏阳农商银行的存款与贷款市场份额分别达到37%与28%，资产利润率为1.32%，资本充足率与拨备覆盖率分别达到16.19%与251.08%。不难看出，迄今为止浏阳农商银行的经营业绩是相当突出的，其经营管理指标不仅位于湖南农信系统前列，其成功经验也已经引起央行、银保监会等监管机构的关注。

浏阳农商银行的秘密武器，归纳起来无非三个字“小、融、稳”。“小”代表普惠金融、“融”体现共生共荣、“稳”彰显行稳致远。“小、融、稳”也可以分别代表战略、战术、战果，解释了农村商业银行要走什么样的路、如何走以及走到哪里。

围绕“小”这个字，浏阳农商银行构建了自己的发展战略、经营理念与服务机制。其发展战略被界定为“以农为本、以小为基”。其经营理念被总结为“四小”，也即“小额存款最稳定、小额贷款最安全、小额客户最扎实、小额业务最亲民”。其服务机制被总结为“立足本地、面向小微”。浏阳农商银行还将自己的客户群精准刻画为金字塔结构：以农户为塔基、以商户为塔身、以小微企业主为塔尖，以此来做实、做细、做好基础客户工作。

围绕“融”这个字，浏阳农商银行构建了自己的“四融”企业文化：融洽员工、融通客户、融入环境、融和社会。更重要也更直接的是，围绕一个“融”字，该行构建了推进普惠金融的具体落实机制：一是推进“金融村官”工作机制，推动渠道、资源、信息优势与基层党建相融合；二是注重线上金融服务建设，构建消费电子化、业务线上化、体验场景化的服务模式；三是构建“请进来、送出去”的培训体系、梳理“业绩为王、实干为要”的用人导向、实施“竞聘上岗、能上能下”的用人机制。

围绕“稳”这个字，浏阳农商银行试图实现方向清晰、风险可控的可持续发展，这充分体现在该行提出的“四稳”之上：稳住方向、稳固根基、稳定质量、稳获商誉。在这一方面，浏阳农商银行的两点经验值得同行高度重视。一是抓住客户准入这一关键环节，实行“限控行业不支持、银团贷款不参与、民间借贷不涉及”三大原则，确保信贷风险可防可控。二是坚持“让利不让市场、让利不让客户”的经营原则，聚焦拓户扩面，深耕小微蓝海，实现薄利多销。

事实上，在阅读本书的过程中，我发现浏阳农商银行是一家非常善于用简单形象的数字来概括总结自身经营经验的机构。除上面的“四小”“四融”“四稳”之外，书中还有不少颇为精彩的总结。

例如，该行提出了“信息采集、评级授信、结果公示、交叉核查、贷款证核发”的“五步”评级授信工作方法，而这一方法充分体现了“政府主导、银行联动、村组推进、农户参与”的“四位一体”评级授信原则。

又如，该行提出了“一抓四盯三不准”的存款组织工作方式。“一抓”，是指抓好存款组织的工作重心，也即“做大客户数、少做大客户”；

“四盯”，是指盯住账户结构、盯住定活存款占比、盯住付息成本、盯住绩效考核；“三不准”，是指不准虚假增加存款、不准高成本违规揽储、不准在执行利率标准外违规付息。

再如，在数字金融方兴未艾的大背景下，浏阳农商银行提出了“一全两通三行四轮驱动”的数字化转型路径。“一全”是指数字化管理全覆盖。“两通”是指内部数据互通、外部数据互通。“三行”是指手机银行、移动银行与智慧银行。“四轮”是指线上获客、移动营销、场景金融与数字风控。

总体而言，本书既打破时间线逻辑，从“小、融、稳”角度拼接并回顾了浏阳农商银行数十年来的发展历史，又以丰富生动的案例梳理并归纳出浏阳农商银行之所以能够取得良好成绩的经验与心得。这本书既适合各类商业银行工作人员阅读，也值得对中国金融体系与金融市场感兴趣的读者们品味。希望浏阳农商银行能够在“小、融、稳”的定位下基业长青、发展壮大，也祝愿中国的中小银行们能够浴火重生、行稳致远。

张　明

中国社会科学院金融研究所副所长

国家金融与发展实验室副主任

2022年9月

# 前言

## 普惠金融的浏阳实践

“浏阳河，弯过了几道弯～几十里水路到湘江～江边有个什么县哪～出了个什么人～领导人民得解放～啊依呀依子哟～浏阳河，弯过了九道弯～五十里水路到湘江～江边有个湘潭县哪～出了个毛主席～领导人民得解放～啊依呀依子哟～……”

一曲经典民歌《浏阳河》传唱半个多世纪，让浏阳河名扬天下。这首人人都能唱上几句的湖南民歌，歌颂了以毛主席为首的中国共产党带领全国人民翻身得解放的伟大历史功勋。

一条河，一首歌，一座城。清清的浏阳河水从罗霄山脉北麓出发，从浏阳城蜿蜒而过，西行五十里而汇入湘江。浏阳市，这座与浏阳河同名的城市，地处湘赣边界，湖南东部偏北，是省会长沙副中心和湘赣边区域性中心城市，也是享誉全球的“花炮之乡”。

弯弯的浏阳河是一条风光旖旎之河，一条物阜民丰之河，一条人文荟萃之河。它曾经见证过血与火、生与死的革命年代。浏阳是著名的革命老区，有着深厚的红色文化底蕴，秋收起义文家市会师、红一方面军成立等重大革命历史事件都发生在浏阳。在这里，“农村包围城市”的革命道路逐渐明了，中国革命由“星星之火”迅速燃起了燎原之势。

古老的浏阳河日夜流淌不息，清波荡漾，源远流长，滋润着湖湘大地，见证了浏阳从几十年前的国家级贫困县到如今的全国百强名县，也见证了150万浏阳人民艰苦奋斗、创业立业，从贫穷到温饱，再从小康走向富裕的岁月变迁。在2021年发布的第二十一届全国县域经济与县城综合发展百强排名榜单上，浏阳位列县域经济与县城综合发展第8位。

水利万物而不争。与浏阳河一样，湖南浏阳农村商业银行（以下简称浏阳农商银行）则是浏阳的“金融之水”，伴水而生，向阳而行，在长期的普惠金融实践中，逐渐发展成为一家具有浓郁地域特色的全国标杆银行。

无论是从全国还是区域范围来看，农商银行都是我国金融体系中不可忽视的中坚力量。银保监会公布的2021年末“银行业金融机构法人名单”显示，全国农商银行达1596家，占全国银行业金融机构总数的35%，其中重庆、北京、上海、广州等农商银行存款规模突破万亿元大关。在湖南省，2021年底，农村金融机构资产总额达到1.5万亿元，占全省银行业金融机构资产总额的19%。

中国幅员辽阔，各地地域特色、经济发展水平存在差异，导致各地农商银行的发展程度不一。据统计，有的农商银行资产已经超过万亿元，有的农商银行总资产仅数十亿元，两者相差了几百倍。

对于大部分农商银行来说，其资产规模仍在几十亿元到一百亿元之间。浏阳农商银行资产规模位于全国农商银行的中部靠前位置，其所在的湖南省浏阳市位于我国的中南部，经济发展水平与西部内陆地区相比虽然较好，但比东部沿海区域又有差距。可以说，浏阳农商银行所面临的经营环境有着独特的中部地区特点。

本书聚焦于这家深耕本土的农商银行，梳理其几十年的发展历史，探讨经营管理的思考与实践，记录一个又一个有温度、有情怀的精彩故事，回顾其从全省后进农村信用合作社到全国标杆银行的蝶变历程，展现湖南农信近年来改革与发展的成果。

本书共分为五篇，力图完整详细地介绍浏阳农商银行“小、融、稳”经营之道的理念及内涵，回顾浏阳农商银行的发展轨迹，再现重要历史时刻中的关键事件和人物。

第一篇重点讲述浏阳农商银行“小、融、稳”经营之道的形成、起因、背景和价值体系，对“小、融、稳”的核心概念进行理论说明。通过刻画浏阳农商银行“小、融、稳”经营之道的探索历程，挖掘背后的红色金融故事，并从农商银行“个体”上升至全省农信“群体”，展现湖南农信农村金融主力军、地方金融排头兵、普惠金融领跑者的“群像”。

第二篇、第三篇、第四篇分别对应“小”“融”“稳”的具体内涵，每篇均分为四章进行论述，分别对应“四小”“四融”与“四稳”。在每一章节的行文论述中，围绕“小、融、稳”经营之道，用实操案例和鲜活故事去阐述管理理念背后的商业逻辑，不仅说清楚“是什么”，还讲清楚“为什么”和“怎么样”。

第五篇展望未来。从现在看未来，以浏阳农商银行为代表的农信湘军面对机遇与挑战，肩负普惠金融的责任与担当，加快改革与发展步伐，打造具有自身特色的核心竞争力。

凡是过往，皆为序章。随着乡村振兴战略的逐步实施，农业发展和农村建设对金融服务的需求不断增加，普惠金融正迎来跨越式发展的新机遇。在不忘初心、坚守主业和深耕产业方面，浏阳农商银行的管理经验可为同行借鉴和学习；在创新金融产品和服务模式方面，浏阳农商银行也将与同行一起，借助数字化工具，不断丰富和完善金融产品与服务，提升农村金融服务效率和风险控制能力，在前行的道路上再创佳绩。唯有如此，才能不负深耕普惠金融的使命重托。

# 目录

## 第五篇　农商银行的未来

# 第一篇 ►

# “小、融、稳”的探索之路

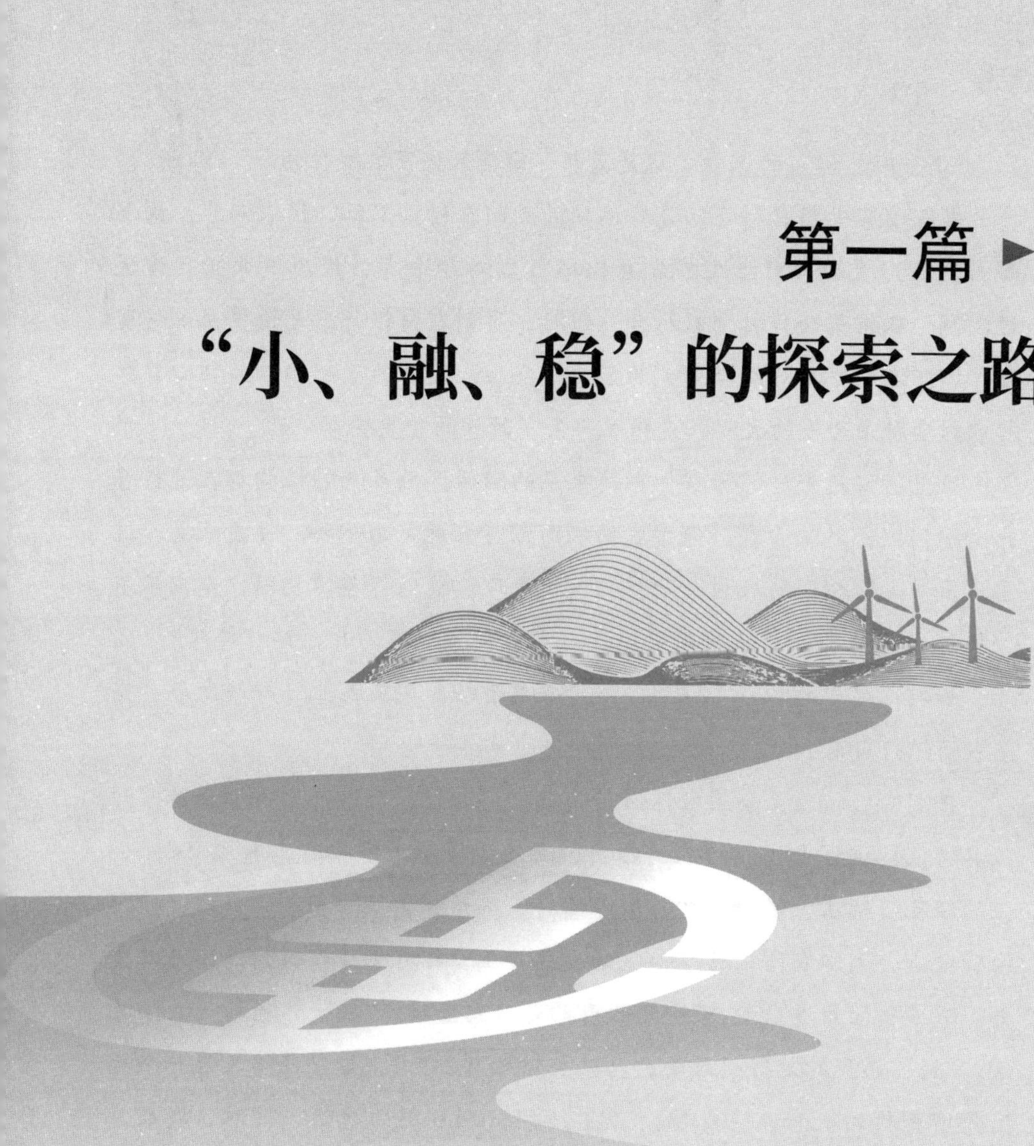

"小、融、稳"的探索之路是漫长、曲折且极富挑战性的。

发源于新中国农村互助合作运动的浏阳农村信用社，因农而生，向农而兴，在广袤的田野上生根发芽，筚路蓝缕70余年，经历过曲折，遭遇过波澜。从信用合作社到农村合作银行，再到农商银行，无论岁月如何变迁，浏阳农商银行始终坚守"为了浏阳发展、发展为了浏阳"的初心，扛起农村金融主力军的大旗，走出了一条新时代的普惠金融之路。

历史不仅是走过的历程，也是未来的昭示。很多金融机构都在进行普惠金融实践，对生于农、兴于农的农商银行来说尤为重要。目前来看，这些"出发点"相同的农村金融机构，由于理念或选择各不相同，走出了不一样的发展轨迹，有的业务呈现良好发展势头，有的却已经"掉队"。因此，如何以更好的担当与作为，践行普惠金融和实现商业可持续发展，将是农商银行当前和今后一个较长周期内的重要命题。

在湖南农信乃至全国农信同行的眼中，浏阳农商银行的普惠金融探索极具特色。这家全国标杆农商银行，立足于多年来服务"三农"、深耕小微的经验与做法，经过反复打磨淬炼，已然开创出了一条"小、融、稳"经营之道。浏阳农商银行"小、融、稳"经营之道既可以拆分，又可以合并。从单一的角度来看，"小"代表的是普惠金融，"融"体现的是共生共荣，"稳"彰显的是行稳致远；而从整体来看，"小、融、稳"又是一个具有严密逻辑的概念，"小、融、稳"可以分别理解为战略、战术、战果，揭示了农商银行到底要走怎样的道路，怎么走，走到哪里。这是一个循序渐进、环环相扣且无止无境的过程。

围山苍苍，浏河泱泱。弯过九道弯的浏阳河，见证着浏阳大地上一场关于农村金融与普惠金融的探索与实践。故事的主角，正是在这方土地上耕耘了整整70载，从农村信用合作社改制而来的浏阳农商银行。

诺贝尔经济学奖获得者道格拉斯·诺思在《制度、制度变迁与经济绩效》一书的前言中指出：“历史总是重要的。它的重要性不仅仅在于我们可以向过去取经，而且还因为现在和未来是通过一个社会制度的连续性与过去连接起来。今天和明天的选择是由过去决定的。”

解码浏阳农商银行“小、融、稳”的经营之道，或许能从一件件身边的小事当中，窥见其初心。

# 第一章　是金子总会发光

— 备受青睐的银行

— 又一次引起央行高层关注

# 第一节　备受青睐的银行

先从一个颇具传奇色彩的故事说起。

2018年1月13日，一位皮肤黝黑、朴实无华的农民受邀走进了中南海，与各界代表一道同国务院总理面对面座谈。这位农民是地地道道的湖南浏阳人，家住浏阳市达浒镇金石村，他当了一辈子的农民，种了一辈子地，从没想过有一天能与国家总理亲切交流。他的名字叫孔蒲中。

一位普通农民走进了中南海，自然引起了各大媒体的高度关注。会议刚刚结束，孔蒲中就被大量的闪光灯、采访话筒及摄像机团团包围。面对记者们的采访，他表示，国家积极培育新型农村经营主体，支持农民创新创业，造福了广大农民群众。在被问及创业路上经历的难忘之事时，这位农民发自内心地感叹道："我们农民最愁的就是资金问题，我的农场之所以能搞起来，与我们'家乡银行'的帮助分不开。如果不是那应急的10万元，就不会有今天这样规模的农场。"

"家乡银行"为何在孔蒲中心中如此有分量？2006年，孔蒲中开始探索在稻田里养殖甲鱼，在放进100多只甲鱼做试验之后，成功探索出了"稻鳖共生"的模式，积累了技术基础。之后，他打算发展家庭农场，对于一个一辈子跟土地打交道的农民来说，解决了技术难题后，摆在眼前最大的问题就是资金短缺。最困难的时候，孔蒲中曾坐在大门口叹气，建农用设施、购买种苗肥料等就需要10多万元的资金。作为一个地地道道的农民，一时之间，他上哪儿去筹集这么多钱？发展模式已经规划好，家庭团队也已经集齐，但资金不足的难题却让一切寸步难行。

于是，他想到去银行贷款，但在那时10万元对于一个农户家庭来说不是一笔小数目，家里人认为他一个普通农民，怎么可能借得到这么多钱？

不过孔蒲中却不这么想，他说，自己跟“家乡银行”已经打了几十年的交道，以前搞春耕备耕，有时买农药、化肥等农业生产物资的资金紧张，就常在这家银行贷款。孔蒲中还说了一个细节，有一年由于生产急需贷款，原本信心满满地去找一个朋友所在的大型商业银行贷款，可最后却被拒绝了，朋友告诉他，他们银行一般只贷款给企业，那时孔蒲中就在心底感叹：“靠人情还不如去找‘家乡银行’。”

事实证明，孔蒲中的判断没有错，在听了他的想法后，当天“家乡银行”的客户经理就上门了解情况，办理了相关手续。第二天，10万元贷款就打到了他的银行账户上。如今，这位家住浏阳市达浒镇金石村的淳朴农民，凭借数十年的实践钻研，探索出“水稻+生态种养”的生产模式，摇身一变成为当地远近闻名的致富能手、技术专家。

实际上，孔蒲中的故事并非特例。在浏阳，绝大部分的家庭都与这家“家乡银行”有过这样或那样的温情故事，都享受过这家“家乡银行”方便、快捷、贴心的金融服务。

不仅在当地，在金融业界，这家备受浏阳百姓青睐的“家乡银行”也有不小的名气。她曾接受新华社、中央人民广播电台等九家中央主流媒体实地采访，通讯报道多次登上国家级、省级媒体刊物。《人民日报》点评这家银行：“涉农贷款，纾困解难，助力解决‘三农’融资难、融资贵问题。”《金融时报》报道这家银行：“让农民银行、大众银行品牌越来越响亮。”《湖南日报》评论这家银行：“利用‘金融村官’载体，向广大群众传递有温度的服务，赋能乡村振兴！”

这家“家乡银行”的发展之路自带了一些“传奇”色彩。她曾是位居罗霄山脉深处的小小农信机构，业绩排名长沙地区倒数第一，毫无名气可言。但成功“逆袭”之后，她又吸引了中央农办和中国人民银行、自然资源部、农业农村部、银保监会等多个国家部委前来调研，接待山东、江西、安徽等多家省级农办、农委、农信联社的考察交流；还曾将全国农村信用社系统支农先进集体、全国农村信用社支农先进单位、最佳服务“三农”贡献奖、全国农村商业银行“标杆银行”等全国性奖项悉数收入囊中。在2021年度商业银行稳健发展能力“陀螺”评价体系中，浏阳农商银行位列县域农商银行第7位。

前面反复提到的“家乡银行”就是浏阳农商银行。由于经历了多次的体制改革，在浏阳，有的群众习惯将其称呼为信用社，还有的将其称为农信社、农商银行。可无论名字怎么变化，只要向浏阳当地人打听本土的“家乡银行”，大家都会不约而同地想到浏阳农商银行，并为之点赞称好。

浏阳农商银行好在哪里？不同的人有不同的看法与见解，正如古诗所云：“横看成岭侧成峰，远近高低各不同。”一千个人的眼中就有一千个哈姆雷特，但若汇集以往众多领导及社会各界人士对浏阳农商银行的好评，往往集中在以下五个方面：

一是业务指标好。2021年末，在全市19家银行机构中，浏阳农商银行存款市场份额37%，贷款市场份额28%；表内不良贷款率1.57%，表内外不良贷款率合计为5.09%；人均创利172万元，资产利润率1.32%；资本充足率16.19%，拨备覆盖率251.08%；人民银行评级保持三级、银保监局监管评级为二级，省农信联社经营管理等级为一类一级，各类经营管理指标均居于湖南农信系统前列。

二是客户基础好。全行共有存款户144万户，覆盖全市90%的家庭，储蓄存款占市场份额的51%，占各项存款余额的89%；授信农户29万户，授信覆盖面达93%。

三是产品服务好。构建涵盖5个大类68个子类的金融产品体系，金融服务行政村覆盖率达100%，物理网点及产品覆盖面居浏阳市金融机构第一位。

四是队伍建设好。共有员工722人，大专及以上学历人员占比90%，老中青年龄梯次搭配合理；多年来实现零案件和零事故的目标。

五是环境培育好。与政府共创湖南省首个金融安全区，信用村覆盖率达84%，自然人信用档案覆盖率达100%，企业诚信档案覆盖率达100%，公众对全市信用环境的好评率达86%。

酒香不怕巷子深，浏阳农商银行的经营之道吸引了上级媒体的高度关注。2021年5月23日，第二届中国农金30人论坛韶山会议闭幕仅过去一天，会议主办方中国农村金融杂志社党委书记兼社长朱进元专程来到浏阳农商银行进行实地考察。朱进元感慨地说："俗话说百闻不如一见，以前总是听说浏阳农商银行的名字，今日一见果然不同凡响啊!"

《中国农村金融》曾对浏阳农商银行进行过一次专题报道，其中有这样一段话："从'浏阳经验'里，可以看到湖南农信践行普惠金融的显著特点，即文化战略有格局、市场经营有定力、落实政策有高招、内部管理有办法、经营发展有成果。浏阳农商银行'小、融、稳'的核心竞争优势，接地气!"在报道的结尾处，中国农村金融杂志社更是将浏阳农商银行称为"县域金融小冠军""农信湘军代言人"。一家地处内陆中部地区的县域农商银行能够得此赞誉，着实不易。如同孔蒲中一头扎进农田，潜心研究出"水稻+生态种养"模式，浏阳农商银行几十年专注普惠金融一件事，最终厚积薄发，玉汝于成。

## 第二节　又一次引起央行高层关注

2021年5月25日，湖南省各金融机构主要负责人会议在中国人民银行长沙中心支行召开。与以往不同，此次会议由时任中国人民银行副行长刘桂平召集，旨在了解湖南省金融机构经营情况，挖掘金融机构普惠金融的可复制经验，探索发展普惠金融的可行之路。

会上，湖南农信专题汇报了近年来所取得的工作成果，并介绍了湖南农信在推动普惠金融创新、防范化解风险方面所做出的努力与探索。

在发言中，“浏阳农商银行”的名字被数次提及。这家数十年如一日地扎根于“三农”本土的农商银行，始终坚持走普惠金融的道路，探索出了以“小、融、稳”为核心的经营之道。

湖南农信代表着全省营业网点和从业人员最多、服务范围最广、资金规模最大的金融机构，而浏阳农商银行又是湖南农信系统中普惠金融的标杆银行，这立即引起了刘桂平的重点关注。他当场表示，要继续深挖浏阳农商银行的典型经验，认真提炼特色做法。

不久，一篇题为《浏阳农商银行普惠金融实践与经验》的材料被提交至中国人民银行总行。文中重点介绍了“小、融、稳”的实践做法：

浏阳农商银行通过几十年如一日坚持不懈地做普惠金融，探索出了一条“小、融、稳”特色发展之路，实现了地方得发展、群众得实惠、银行得市场、政府得形象多方共赢的良好局面。

（一）坚守“小”的经营定位，践行金融为民使命。一是牢固树立“以农为本、以小为基”的发展战略。保持“三农”本色和普惠情怀，逐步形成了“小额存款最稳定、小额贷款最安全、小额客户最扎实、小额业务最亲民”的经营理念。二是着力构建“立足本地、面向小微”的服务机制。立足县域实际和客户需求大胆创新，有效服务本地小农、小商、小微“三小”客户。三是持续夯实“广泛覆盖、小额分散”的客户基础。构建覆盖广、笔数多、金额少的“金字塔”客户结构。

（二）突出“融”的经营方针，服务乡村振兴战略。一是创新推出“金融村官”工作机制，推动渠道、资源、信息优势与基层党建相融合。二是推行“线下+线上”，注重“线上金融”服务手段建设，大力推行福祥e贷，构建消费电子化、业务线上化、体验场景化的服务模式。三是推行“人本管理”，构建“请进来、送出去”的内外联动培训体系，树立“业绩为王、实干为要”的用人导向，实施“竞聘上岗，能上能下”的用人机制，营造单位与员工互荣互信的良性氛围。

（三）巩固“稳”的经营格局，实现高质稳健发展。一是坚持“质量”为本，筑牢“稳”的底座。抓住客户准入这一关键环节，把控“到期贷款收回率”和“新增不良贷款”两项指标，实行“限控行业不支持、银团贷款不参与、民间借贷不涉及”的三大原则，确保信贷风险可防可控。二是坚持“市场”为重，树立“稳”的方向。坚持“让利不让市场、让利不让客户”的经营原则，聚焦拓户扩面，深耕小微蓝海，实现了“薄利多销”。三是坚持“发展为要”，提升“稳”的效果。着力加强内控管理，构建“三个一”防控机制，即坚持建好一本内控检查台账，坚持每月开展一次以上的内控检查，坚持每月开好一次内控管理会议，形成自上而下的强大执行力，提升全行内控管理水平。

中国人民银行行长易纲审阅后亲自批示，将浏阳农商银行的普惠金融经验做法呈报国务院金融委办公室，并被编入了中国人民银行《中国普惠金融典型案例》一书中。值得一提的是，易纲与浏阳农商银行也有着“不解之缘”。2006年5月15日，时任中国人民银行行长助理的易纲来到浏阳，曾专程调研浏阳农村合作银行金融支持“三农”发展的工作。

对于浏阳农商银行来说，这不是最早一次获得中国人民银行高层的关注。早在2000年，时任中国人民银行行长的戴相龙就曾专程到浏阳农信联社[①]开展考察调研工作。当时的调研阵容规格之高，可以说是自1996年底与农业银行“脱钩”直接接受中国人民银行领导以来，浏阳农信联社迎来的最高规格调研团。戴相龙一行先后考察了浏阳农信联社营业部、银杏信用社、古港信用社，走访了古港信用社信贷扶持的浏阳市朝阳生态农庄，并详细调研了解了浏阳信用户、信用村镇、农户小额信贷的实践经验。

① 由于历经多次改革，浏阳农信联社（1984.12—2005.12）、浏阳农信合作银行（2005.12—2010.5）为浏阳农商银行前身，均代指浏阳农商银行。

考察返程中，还出现了一个小插曲。为了检验业务数据的真实性，戴相龙提出要在计划之外多走访一个网点，并抽取了关口信用社。一进关口信用社，他就要求工作人员拿出近三年的财务报表和农户小额信贷档案，并亲自翻阅资料，不时向当班工作人员发问。在“眼见为实”之后，戴相龙发出了由衷的感叹：“没想到浏阳有这么一片金融绿洲，没想到浏阳农信联社资产质量这么高。”

20世纪90年代，全国的银行业贷款质量普遍存在诸多问题，湖南也不例外。如何化解历史包袱、降低不良占比以及扭亏为盈，是当时中国人民银行管理的核心内容。因此，浏阳农信联社在县域金融的实践经验得到了中国人民银行的赞誉。

历史总是惊人的相似。二十年时光荏苒，两任中国人民银行行长的关注与肯定，既是对浏阳农商银行过往发展历程的回顾，更是对其未来前行力量的接续。这家浏阳河畔的农商银行用对普惠金融的坚守与执着，褪去了自身青涩稚嫩，变得更加沉稳自信，闯出了一片新天地。

# 第二章　唯有坚韧生长

—开启逆袭之旅

—这是一场接力跑

—“小、融、稳”玉汝于成

# 第一节 开启逆袭之旅

耀眼光环的背后，谁能想到这家两度引起中国人民银行高层关注的全国农村商业银行“标杆银行”，其实是由一个全省后进农信社蜕变而来的。

当时间回到1997年1月8日，在那个寒风刺骨的夜晚，浏阳农信联社的几位高管拘束地站在停车场里，面色铁青，一言不发，四周万籁俱寂，让气氛更显凝重。原来，在刚刚闭幕的长沙地区农信年度工作会议上，浏阳农信联社除了获得安全保卫先进单位奖项外，其余经营管理类奖项“颗粒无收”，各项经营考核指标在长沙地区垫底。此时，浏阳农信联社刚刚经历了“史上最大亏损”，又即将面临亚洲金融危机的外部冲击，可谓是站在生死攸关的十字路口。据统计，当时的浏阳农信联社企业贷款占据贷款总额的73%，不良资产占比33%，存在历史包袱沉重、资产质量差、潜在风险大等突出问题。

时任浏阳农信联社主任黄贤春，虽然学历不高，但农村工作经验丰富，办起事来雷厉风行。他端着那块异常沉重的安全保卫奖牌，没有找借口，也没有开腔骂人，只是沉默了许久。而开口后的第一句话，他就代表全体领导班子当场立下了“军令状”：“如果明年没有拿到业务综合评比优胜奖，那么浏阳农信联社全体领导班子集体辞职!”话语虽短，但胜在有力。这句话抛出来直接惊呆了在场的所有人，有的人倍感热血沸腾，有的人心想这个“牛皮”是不是吹得太大了一点。但不管怎么说，这一掷地有声的“军令状”，既让领导班子成员暗暗下定决心，要做出一番成绩，也让全体员工看到了管理层的斗志与信心，凝聚了发展的磅礴力量。

最可怕的不是犯错，而是认识到缺陷却不加以改变。如此看来，浏阳农信联社算是幸运的。1997年，浏阳农信联社调整经营思路，着力深耕

“三农”市场，出台《班子成员联片区、机关各科室联系基层网点办法》，并与各乡镇信用社签订全年经营目标责任书，重点帮助10家“亏损社”扭亏增盈。为了更好地完成任务，联社机关除留守必要人员外，其余员工均下乡帮扶。当时的信贷、稽核、财务、法务等部门组建了一支清非攻坚队伍，所有队员都背上自己的行李铺盖，纷纷驻扎在各个乡镇，与基层同事们一起清收陈欠贷款本息。有位机关同志在基层信用社一住就是40多天，天天陪着基层同事下乡清收不良贷款，其间女儿生病发烧都没有回家看望，妻子都打了几次电话来抱怨。基层的员工看着这位机关来的“领导”都这么认真刻苦，吃住同行，亲力亲为，也纷纷拿出了十二分的干劲，生怕自己被比了下去。类似于这种“拼命三郎”的例子还有很多，而全体员工的付出努力也终于得到了回报，在此次行动期内，浏阳农信联社走访1.5万余户贷款户，收回了被拖欠的各类贷款利息580余万元，一举提升了资产质量，极大地增加了员工们的工作信心。

同时，浏阳农信联社不断加大对农业、农民的支持力度，当年农业贷款发放比例超过七成，并总结归纳出“三个优先”的经验做法，即优先解决贫困户生产经营贷款，优先支持重点农业生产所需资金，优先扶持养殖大户、农业基地、农业企业发展。

功夫不负有心人，1997年，浏阳农信联社获得长沙地区农信系统年度业务综合评比第一名，并在之后的年度评比中，实现了“七连冠”的佳绩。从末位到第一位，这大大出乎了浏阳农信联社领导和员工们的意料。

谁都不敢相信，这场“翻身仗”竟然打得如此漂亮。有了良好的业绩支撑，浏阳农信联社的信心更足了，逐步开始意识到农村金融市场的重要性，认识到只有立足农村、面向农业、服务农民才有农村信用社生存发展的空间，老百姓才是真正的“衣食父母”。

此时，“小、融、稳”的经营思想虽尚未长成枝繁叶茂的理念之树，但一粒充满着希望与朝气的种子已悄然种下。

## 第二节 这是一场接力跑

“小、融、稳”经营之道是浏阳农商银行一代又一代接续奋斗、砥砺前行的成果，是其经营管理智慧的结晶，也蕴藏着浏阳农商银行历届“掌舵人”对改革与发展的深刻思考。

1999年，罗继红接替黄贤春，被任命为浏阳农信联社党组书记、主任。他有着一股学者气质，谈吐得体，思路清晰，善于总结经验规律。当时的浏阳农信联社尚处于起步阶段，制度缺失、员工责任意识不强。于是，他提出了“制度至高无上，管理无小事”的经营理念，将制度的制定和执行贯穿到企业各个操作流程和工作环节，强化内控管理，转变队伍作风，提升经营能力，并带领全体员工参与全省首家金融安全区的创建工作，为农村金融服务和改革打下了坚实的基础。

2006年，罗成林被任命为浏阳农村合作银行党委书记、董事长。他是地地道道的农民出身，农村的成长经历塑造了他朴素低调、务实敬业的性格特征，使其能够设身处地地了解农民的所需所想。在深耕农村市场的过程中，他发现，浏阳农信的优势在于“广”，在服务地域上，信用社就建在乡镇，在业务经营上，走村入户形成了良好的地缘和人缘优势，使得金融服务覆盖范围更广；优势还在于“快”，信贷审批流程短，充分显示出独立“小法人”的优势；优势更在于“实”，贷款流程简便，贷款产品比较实用，与群众打交道厚道朴实。因此，他提出了“小额存款最稳定，小额贷款最安全”的经营理念，第一次用经营理念的方式固化了浏阳农信“做小”的道路。

2016年，邓来发被任命为浏阳农商银行党委书记、董事长。在此之前，他曾担任过长沙地区多家农商银行的董事长，有着丰富的商业银行管理经验。面对复杂多变的经济金融形势，他提出“外活经营、内活管理”的经营思路，强化“计划性投入、授权制经营、专业化运作、选择性参与、统筹式管理、前瞻性谋划”六项措施，进一步完善“三会一层”议事制度，逐步构建权责清晰的运营管理架构，坚持支农支小定位，心无旁骛地深耕“三农”和小微企业市场。

2019年，李寿树接过了浏阳农商银行高质量发展的大旗，成为党委书记、董事长。他从一名普通柜员做起，几十年如一日兢兢业业，逐步成长为浏阳农商银行的管理者。在他的身上，处处体现着一种对农信事业发展的情怀。为了让全国标杆农商银行的“红旗”更加鲜艳，他提出“靠客户支撑发展、靠文化引领队伍”的经营理念，创新推出“金融村官”机制，进一步深化普惠金融，梳理总结历年来经营管理的实践经验，将企业文化建设上升到了战略高度。

如果说，1997年那次破釜沉舟的行动种下了“小、融、稳”经营之道的种子，那么浏阳农商银行历届领导班子对于普惠金融道路的坚守就如同沁人心脾的生命之泉，为这颗种子的生根、发芽、长叶、开花、结果注入了生机活力。

如果说，历届领导班子为“小、融、稳”经营之道提供了举旗定向的引领力，那么每位员工的“坚守质朴”便是拧绳发力的原动力。几十年的发展历程，经历着宏观经济的奔腾澎湃，县域产业结构的转型升级，浏阳地方经济的跨越式发展，在无数大大小小的机遇与挑战面前，浏阳农商银行员工逐渐形成了一种“坚守质朴”的情怀，他们守在了自己的责任田里，任凭大风大浪，抑或酷暑寒冬，始终悉心呵护一株株名叫“普惠金融”的水稻，直至其发芽、返青、拔节、孕穗，成长为金灿灿的饱满稻穗。收获是喜悦的，“守望稻田”而岿然不动也是值得敬佩的。其间，浏阳农商银行也数次经历挑战与抉择，更有许多“垒大户”“做大额”的诱惑，但员工们秉承“坚守质朴”的精神，配以机制和文化建设，单一“做小额”的个体行为逐渐演化为“做普惠金融”的群体行为，“普惠金融”成为每位员工的共识和信条，使企业更具抗压的韧性和调整的弹性，保证了这家农商银行能够在环境变化中自我修正和自我突破，沿着普惠金融道路前行。

“坚守质朴”一方面在于坚守；另一方面体现在质朴。这是一种闪耀的真诚、本色光芒。谈起浏阳农商银行的员工，有人曾开玩笑说这群人是“开会布置工作就来得快，陪饭局就跑得快”，像一群默默劳动的“老黄牛”。其实，浏阳农商银行员工的“质朴”很大程度上受到了浏阳“自强不息、敢为人先”的地方文化熏陶。浏阳的文化风土赋予了在这片土地上生活的人们“肯钻善钻”的人生态度。浏阳这座地处湘赣边界的山城，地理区位优势并非最好。但是靠着“肯钻”劲头的浏阳人，这个极富红色基因的小县城，创造了举世瞩目的“浏阳速度”。1985年浏阳被列为贫困县；1997年摘掉了“贫困县”的帽子；2006年进入全国百强县，位列第97位；2021年，全国县域经济百强县排名第8位。“吃得苦、霸得蛮、耐得烦”的浏阳人让人印象深刻。

“自强不息、敢为人先”的文化底蕴，让浏阳农商银行员工骨子里透着一股开拓、创新的力量，形成了一往无前的开拓之心，展现了一种孜孜不倦的工匠精神。“第一”可以说明一切。浏阳农商银行的“第一”不胜枚举，前面提到的在湖南省首创金融安全区，成为湖南农信系统首家农村合作银行、农村商业银行，福祥贷记卡、“三行一通”、国际业务、惠农快贷、“三资”管理平台等业务“首发”……都是这群开拓者们的荣誉徽章。

正因如此，在浏阳农商银行员工的字典里从来没有“过得去”的概念。在起步阶段，历经数次改革，面对各种艰难困苦，这群员工所展现出来的“坚守质朴”群像，让浏阳农商银行在一棒又一棒的接力中，硬是走出了一条“小、融、稳”的普惠金融之路。

## 第三节 “小、融、稳”玉汝于成

历史经验表明，“小、融、稳”经营之道不是也不可能是刹那芳华，而是早已深入浏阳农商银行全体员工的血液之中。不过，如何进一步将自身的经验、做法升华至经营理念，这对于浏阳农商银行来说是一个较大的挑战。理论源于并高于实践，而且可以指导实践。过去数年间，浏阳农商银行始终都在提炼自己的经营理念体系，前后历经了探索期、提升期、形成期三个阶段，实现了从量变到质变的转变。

探索期(2015—2018年)：浏阳农商银行在内部广泛开展走访调研，组织专题座谈会，收集相关文件资料。通过开展覆盖全员的大讨论，在战略定位、发展转型、风险管控、人才培养等方面形成了广泛共识，打下了良好基础。

提升期（2019—2021年）：浏阳农商银行成立了项目小组，通过走出去、请进来、沉下去的方式，在总结过往经验与做法的基础上，结合企业特点，对经营管理思想进行整合提炼，逐步摸索出具有自身特色的经营理念体系。

形成期（2022年至今）：经过前两个阶段的探索，浏阳农商银行以“小、融、稳”三个字为经营之道，构建了核心价值体系，形成了差异化核心竞争力。

经过数年的探索与实践，“小、融、稳”经营之道在厚积薄发之后，终于玉汝于成。“众里寻他千百度，蓦然回首，那人却在，灯火阑珊处。”多年的寻寻觅觅，“小、融、稳”经营之道就在浏阳农商银行的灯火阑珊处。在此基础上，浏阳农商银行将“小、融、稳”经营之道细化和丰富成价值体系，具体包含“四小”“四融”“四稳”，其核心内容如图1所示。

图1 “小、融、稳”经营之道核心价值体系

细细探究，“小、融、稳”价值体系蕴藏着深刻内涵。“四小”，实质上是从产品思维转向服务思维、客户思维、文化思维，体现的是一种由浅入深的经营导向。“四融”，代表着农商银行发展过程中的四个阶段，即从小我到大我，从有我到无我，反映出一种由小到大的经营格局。“四稳”，是一个逐步递进的过程，体现了一种由因及果的经营目标。

从战略思维的角度来看，可以用三句话来阐述“小、融、稳”，“小”指的是战略，即普惠金融的大战略；“融”指的是战术，即共生共荣的大格局；“稳”指的是战果，即行稳致远的大目标。更形象地说，“小”回答了浏阳农商银行应该走什么样的道路；“融”解答了怎么走的问题；“稳”则揭示了走到哪里。

浏阳农商银行的核心竞争力何在？“小、融、稳”的价值体系提供了很好的解释和论证。

# 第三章　普惠金融在湖南

— 红色金融之路

— 农信的领跑

# 第一节　红色金融之路

坚持党的领导是湖南农信的“根”和“魂”。农信社从诞生之日起，就是在党的领导下发展起来的，有着独特的“红色金融基因”。作为湖南农信大家庭中的一员，浏阳农商银行的“小、融、稳”经营之道也离不开党的领导这个“根”和“魂”。因此，在详细解读“小、融、稳”经营之道前，有必要先对它的“红色金融基因”进行简要的了解，以便让人们更加深刻地理解浏阳农商银行独特经营理念的起源。

红色金融，是指中国共产党在新中国成立之前的经济和金融活动，它是新民主主义革命的经济支柱和重要胜利保障，更是新一代金融从业人员继往开来的精神力量和动力源泉。浏阳以及整个湖南，是红色金融的主要发祥地之一，因此这里深藏着一种强烈的精神气质，包括坚持党对金融工作领导的政治观、坚持以人民为中心的金融价值观、坚持为实体经济服务的发展观。1926年12月，在毛泽东和中共湖南省委的领导下，湖南省第一次农民代表大会就开天辟地地作出了金融史上三项重要决议，即《金融问题决议案》《农民银行问题决议案》和《关于农村合作社问题的决议》。当月，衡山柴山洲特别区（现为衡东县）第一农民银行正式成立，成为我党领导创建的第一家红色银行；湘乡县第三区农民协会在永丰镇（现为双峰县）建立信用合作社，是我党领导创建较早的一家农村信用合作社。

随后，1927年1月至2月，党领导的浏东平民银行、浏阳金刚公有财产保管处（主要经营期票业务）、浏南文市生产合作社（消费、生产、信用合作）先后成立，其中以银行贷款业务为主的是浏东平民银行。总行位于当时浏阳县城朝阳街的浏东平民银行，旗帜鲜明地提出了办行宗旨，“本信用合作社之旨，以制止高利借贷，提倡平民储蓄，活泼地方金融，增进工农生活为唯一之目的”。当时，浏东平民银行最主要的经营业务就是发放农村生产贷款和农民生活贷款，例如石灰贷款、土纸贷款和农副产品收购贷款等。1927年5月21日长沙发生了“马日事变”，国民党反动派在湖南全省疯狂镇压革命；6月反动派攻打浏阳，浏东平民银行因此停办。

尽管浏东平民银行从开办到停办仅有半年时间，然而它所开创的服务“三农”、服务地方的精神光芒却永远不会熄灭。今天湖南农信系统确定的深耕普惠金融战略愿景，与当年浏东平民银行的宗旨要义是一脉相承的。

土地革命时期，在党领导的湘南起义期间，1928年2月耒阳工农兵苏维埃政府发行了首次印有马克思、列宁头像的1元面值货币——“劳动券”；1930年11月，浏阳县第二次工农兵代表大会作出“发行工农兵票币，流通金融，抵制敌人经济封锁”的决议，决定组织银行委员会。次年1月，浏阳工农兵银行在凤溪（今浏阳市小河乡）宣告成立。随后，浏阳县苏维埃又建立了赤色货币厂，后与万载县苏维埃政府造币厂合并，设立湘鄂赣造币厂，厂址就在如今的浏阳市小河乡潭湾村严坪片。作为浏阳最偏远的乡镇，小河乡曾经是湘鄂赣革命根据地的重要区域，一度是红军的“后勤基地”。在那个峥嵘岁月里，这些红色金融的“星星之火”，一经点燃就留下不可磨灭的印记。

1949年8月，湖南和平解放，经济金融百废待兴；9月1日，中国人民银行浏阳县支行成立。1950年全省各县基本设立了中国人民银行县支行，次年开始在区一级普遍设立营业所。1951年5月，中国人民银行组织召开第一届全国农村金融工作会议，同年7月发出《关于开展农村信用合作工作的补充指示》，其中附发了《农村信用合作社章程准则草案》和《农村信用互助组公约草案》等文本。同年8月，湘潭县韶山信用互助组成立；11月原来在年初由农民自发组织的零陵县丘埠乡信用合作社正式命名。

1952年8月25日，浏阳首家农村信用合作社——九区横岭农村信用合作社（以下简称九区横岭信用社）在浏阳市小河乡皇碑村横岭组的“黄五美祠”正式成立。作为浏阳农信的起源地，也是浏阳农商银行行史教育基地，“黄五美祠”是一个具有传奇色彩的地方。红一方面军所属红十六军曾从江西万载向浏阳运动，配合中央苏区反“围剿”。其间，部队就驻扎在小河乡横岭，并将军部设在了“黄五美祠”。这一时期红军留下的标语，历经世事变迁，保留到了今天。

1955年底，湖南省内的乡级信用社达到12720个，普惠金融有了良好的开端。1978年1月1日，中国人民银行湖南省分行从省革命委员会财政金融局中分设出来。此后，乘着党的十一届三中全会春风，农村信用社则开始进行以恢复“三性”（组织上的群众性、管理上的民主性、业务经营上的灵活性）为主要内容的改革，湖南的农信事业迈入了发展的新阶段。在此之后，浏阳农信系统历经数次体制改革，始终坚持“改名不改姓，改制不改向”，走出了一条特色鲜明的跨越发展之路。

1984年12月，浏阳农商银行的前身——浏阳农信联社应运而生。2005年12月14日，浏阳农村合作银行正式挂牌开业，成为湖南省首家由农信社改革成立而来的农村合作银行，开启了现代金融企业的发展之路。2010年5月5日，承载着三湘人民希冀的浏阳农商银行挂牌开业，又一举成为全省首家农村商业银行。2019年1月23日，湖南岳阳巴陵农商银行挂牌开业。至此，湖南省102家农村合作金融机构已全部告别“农信社”时代，湖南省农信社产权改革全部顺利完成，实现农商银行全覆盖。

回望过往历程，眺望前方征途。重温这一段红色金融的历史，是一次全面的精神洗礼。它既见证了中国共产党艰辛而辉煌的奋斗历程，也见证了全省以及浏阳农信事业的起步和发展。正是在这光辉起点的照耀之下，一代代浏阳农信员工不忘初心，牢记使命，始终同百姓的日常生活联系在一起，同广大群众的发展意愿联系在一起，同众多小微企业的成长联系在一起，同浏阳县域经济的不断壮大联系在一起，接续奋斗，方才形成了今日的“小、融、稳”经营之道。

## 第二节　农信的领跑

这是一组2021年底的数据：湖南省金融机构本外币各项贷款余额55845亿元，同比增长13.0%，高于全国增速1.7个百分点，居中部地区第2位；本外币各项存款余额62891亿元，同比增长8.6%。湖南省银行业金融机构不良贷款率1.23%，低于全国0.59个百分点，社会融资规模增量居中部地区首位。

可以说，有着红色金融传统的湖南，普惠金融工作在全国较为靠前，那么谁又是湖南普惠金融的领跑者呢？数据是最好的答案。截至2021年末，湖南农信各项存款余额达到12177亿元，占全省金融机构的19%；各项贷款余额达到7939亿元，占全省金融机构的14%；存贷款总量和增量持续稳居全省金融机构首位。涉农贷款余额5245亿元，较年初增长11%；小微企业贷款余额3530亿元，较年初增长13%。全年累计对25616户、252亿元普惠型小微企业贷款实行延期还本付息，让利19亿元，减费3572万元。脱贫人口小额信贷余额81亿元，占全省金融机构的98%以上。湖南省农信联社信贷管理部被党中央、国务院授予“全国脱贫攻坚先进集体”称号。

通过两组数据分析，谁是湖南普惠金融领跑者的答案显而易见——湖南农信。对于湖南农信扎根农村、做好普惠金融的决心与姿态，地方政府及各大媒体普遍将其评价为“农村金融主力军”“地方金融排头兵”“普惠金融领跑者”。这家全省机构网点最多、从业人员最多、服务对象最多、服务范围最广的地方性银行业金融机构，正以一种相伴相随的方式，深深地走进了老百姓的心里。

金融活，经济活；金融稳，经济稳。经济兴，金融兴；经济强，金融强。经济是肌体，金融是血脉，两者共生共荣。一直以来，湖南农信以普惠金融为战略，逢山开路、遇水架桥，走出了一条“支农支小”之路，将金融服务送到了百姓身边，展示了初心与使命、愿景与目标、传承与创新，树立起新气象、新形象、新作风。

不言而喻，做普惠金融很累、很苦，也很有价值。湖南农信进一步坚定了“支农支小”的道路，传承了服务“三农”的天然基因，其员工奔走在乡村的田间地头，穿行在城市的大街小巷，投身在脱贫攻坚的前沿后方，深入到企业的厂区车间，用真心换来了客户的一声声夸赞、一个个笑脸，用实际行动传递了金融的温度、信心和力量。

在外界看来，湖南农信跑得更快、跑得更好、跑得更稳，跑出了自己的“加速度”。这也不禁让人产生好奇之心，亮眼“成绩单”的背后藏着什么关键之处？

关键在于“人民至上”的家国情怀。农信社与群众的亲切感不是凭空产生的。在新中国成立初期，人民群众用筹集得来的闲余资金组建农村合作金融组织，这便是最早的农信社。正是基于这样的历史背景，服务“三农”成为农信系统的天然属性和血脉基因。近年来，湖南农信把准发展道路，将“发展普惠金融”作为前行方向，坚持把普惠金融当成一项福祉民生、泽沁民心的重大事业，不断提高政治站位，以服务国家、造福人民为根本方向，引导资金流向“三农”领域和实体经济，努力提升金融资源的可得性、公平性、普及性。湖南农信已然成为普惠金融的领跑者，树立了良好的社会形象，奠定了雄厚的品牌价值基础。

关键在于“党建引领”的磅礴力量。正是因为有了党的领导，才有了农信社独特的政治优势，才有了农信事业长久发展的顽强生命力。坚持和加强党的领导，是事关农信社“姓什么”的根本问题，任何时候都不能有丝毫含糊和动摇。湖南农信坚持以党建为引领、以基层党建为支撑、以队伍建设为抓手、以企业文化为灵魂，主动用党的领导引领公司治理，用党建共创引领普惠金融，用党的建设引领队伍建设，充分发挥先锋党委、先锋党支部、先锋党员的积极作用，建成以“金融组织员、金融协理员、金融联络员、金融村官”为一体的“三员一官”普惠金融工作队伍，通过农村金融便利店、社区银行综合体、福祥e站等抓手，发挥党建优势，实现“综合金融不出镇、基础金融不出村、非现金融不出户”，为社区居民和农村农民提供一站式的金融服务。

关键在于“共生共荣”的特色模式。湖南农信充分认识到经济与金融共生共荣的重要意义、深刻内涵、重大机遇和发展潜力，不忘服务“三农”初心，担当地方金融使命，把服务地方经济社会发展作为根本职责，将农商银行发展融入到地方党委政府的发展战略和中心工作当中去，与地方党委政府共创党建、共谋发展、共化风险、共育人才，打造党委合作共建、党支部协同共建、党员互助共建的“三级共建”模式，建立农商银行与地方党委政府责任共担、利益共享、事业共赢的良好机制，推动金融服务跟着地方党委政府的发展战略走，跟着当地产业布局走，跟着百姓的生产生活需求走。

关键在于“创新发展”的不懈追求。湖南农信坚持以创新发展为切入点，加快推进数字化转型，提升服务能力、风控能力、管理能力、科技能力，推动产品和服务手段创新，提升人才队伍素质，防范化解金融风险，推动规模、质量、效益协调发展。

如今，湖南农信102家农商银行与各级党委政府贴得更紧、与基层百姓走得更亲、与广大客户拉得更近，体现了农商银行的本质和宗旨，提高了农村金融供给的普惠性和便捷性，赢得了社会各方面的赞誉和认同。

普惠金融的提出，是一种历史性的变革；普惠金融的落地，是一个世界性的难题；普惠金融的探索，是一种创造性的实践活动。如今，全国2000多家农信机构像毛细血管一样遍布于中国农村，有机会探索出一条市场化的、可持续的、具有中国特色的普惠金融之路，对于浏阳农商银行是如此，对于湖南农信也是如此。

# 第二篇 ►

# “小”才是大道

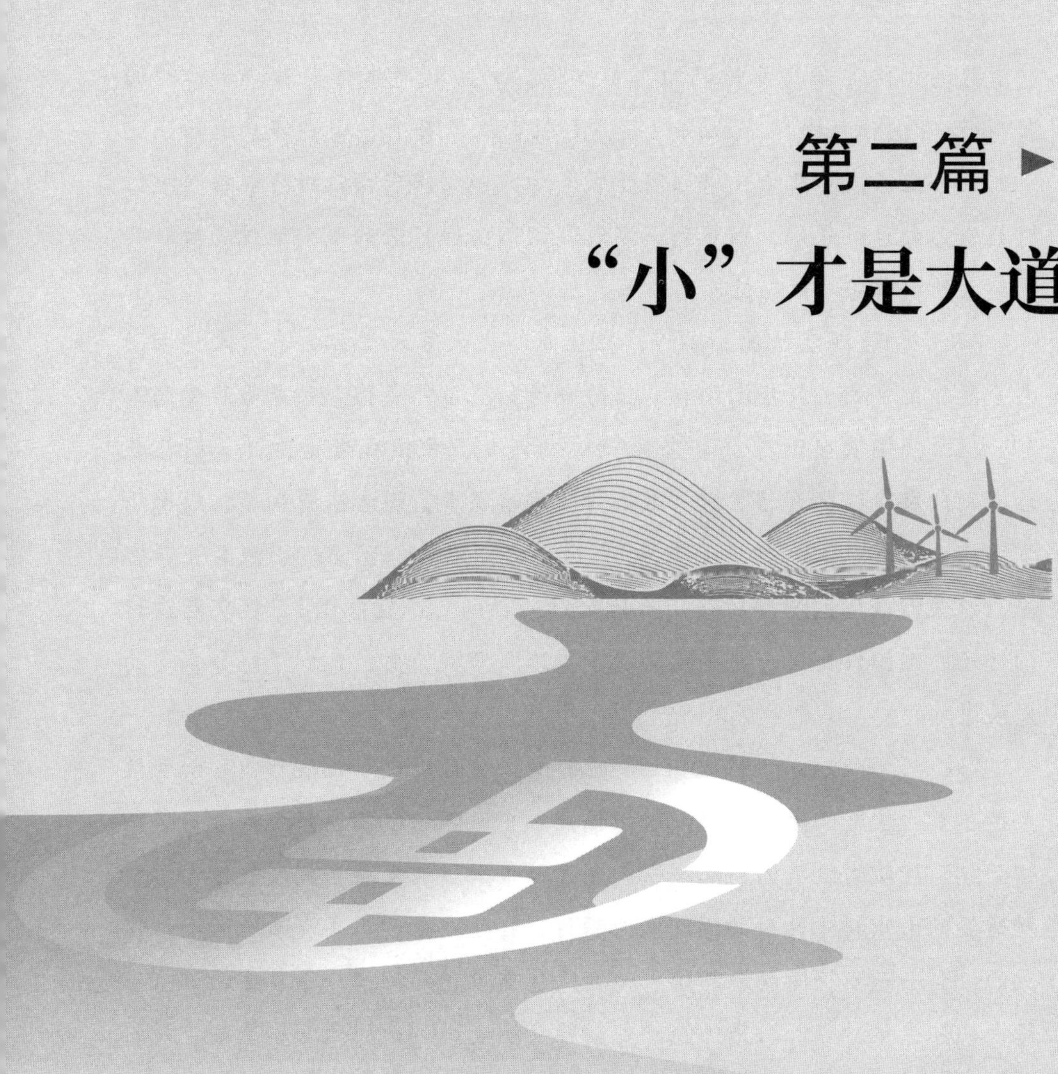

熟悉浏阳金融行业情况的人都知道，浏阳农商银行有着一个独特的“四小”理念——小额存款最稳定、小额贷款最安全、小额客户最扎实、小额业务最亲民。几十年来热衷于服务小微，浏阳农商银行可能在起步的时候不为大家所熟知，但等到逐渐做到浏阳金融行业的龙头地位之后，其小与大的辩证法越来越被外界关注。

“做小”是现实使然。或许，在生意场上大家天生都会喜欢大场面、大手笔、大丰收，包括浏阳农商银行一开始也不能免俗。但是当经营陷入“高大上”（不良贷款率高、企业贷款规模大、亏损社数量上升）困扰之后，浏阳农商银行开始了对“做小”的战略思考，逐渐眼光向下，逐渐脚步踏实，认真耕耘农村“小市场”，通过巩固农户、商户、小微企业等客户，以聚沙成塔的态势打下了当地金融领域的“半壁江山”。现实是最好的镜子，浏阳农商银行通过这面镜子，不断审视自身，找到了适合自己的发展道路。

“做小”是豁然开朗。20世纪90年代，中国的改革开放为各方面发展创造了前所未有的大好机遇。本来偏处湘东一隅的浏阳也敏锐地开启了全心开拓、跨越式发展的崭新征程。大开放带来了大发展，大发展催生了金融行业的大市场。此时的浏阳农商银行，终于迎来了多年潜心“做小”释放的红利——市场布局、品牌打造、队伍建设、产品推广等各方面都有了很大的领先优势。此时来回味把金融服务主动送到田间地头和街头巷尾的

“背包银行”精神，能感受到的是理念上的豁然开朗，格局上的天高云淡。

“做小”是使命担当。从20世纪90年代支持浏阳烤烟生产等中心工作，到21世纪初落实上级要求服务农村发展农民增收的指示精神，再到当下倾力投入乡村振兴发展，浏阳农商银行始终能够深耕本土，跟随时代脉搏，服务地方经济社会发展，用实际行动践行农信初心使命。而在这样的过程中，浏阳农商银行用“简单、快捷、足额、实惠”的“八字箴言”，诠释了在金融领域应该怎样服务基层、服务大众、服务时代。

值得注意的是，伴随着自身规模、业绩的发展，浏阳农商银行的品牌知名度和号召力也日益增强，其“做小”的战略也必然要经受一番考验。几十年如一日地做普惠金融，浏阳农商银行从众多农村中小金融机构中脱颖而出，实现了自身可持续发展和风险控制的统筹兼顾，形成了“做小”的核心竞争优势。这既是融入血脉的天然基因，也是立身之根。

实践出真知，服务见真情。一直以来，浏阳农商银行没有因小失大，而善于以小见大，厘清了小与大的辩证法，在一个个不起眼的小业务上做好了金融服务经济、服务民生的大文章。

# 第四章　小银行适合小业务

— 偶然还是必然

— 赢在农村“蓝海”

— 从战术到战略

# 第一节 偶然还是必然

对于浏阳农商银行“做小”的起源，一直以来就有两种不同的声音。一种认为是偶然，浏阳农商银行一直有“做小”的基础，又赶上了改革发展的红利期，其他地方学不来也带不走。另一种认为是必然，浏阳农商银行“做小”的战略是浑然天成、不曾动摇的。

实践证明，这两种说法都不能给出完整的解释。如果浏阳农商银行“做小”是偶然的话，势必不能长久；如果是必然的话，那么肯定没有吃过苦头。

然而，回顾浏阳农商银行的发展历程，我们会发现，“做小”战略的演变是不断摸索、循序渐进的过程，绝非一拍脑袋、灵光乍现的短期决策。更准确地来说，浏阳农商银行尝试“做小”是一种偶然，但是坚持“做小”却是一种必然，这是偶然中的必然。

时间追溯到1996年12月，当时的浏阳农信联社（现浏阳农商银行）还是一个不折不扣的“高大上”银行。这个“高大上”并非说浏阳农信形象光鲜亮丽，而是指的不良贷款率高、企业贷款规模大、亏损社数量上升。

1996年，浏阳农信联社下辖的高风险信用社占比近80%，当年账面亏损450万元，是浏阳农信历史上亏损最严重的一年。特别是以丰裕钢管厂、乌龙冶炼厂等为代表的乡镇企业贷款先后形成不良，更让底子本就薄弱的浏阳农信联社背上了“沉重包袱”。

丰裕钢管厂的实际名称为湖南五环制管有限公司，主要从事钢管加工生产。因其厂房位于浏阳市永安镇丰裕社区，再加之与丰裕信用社[①]有过

① 丰裕信用社，隶属于浏阳农信联社管理，1990年成立，经机构改革后，现为浏阳农商银行丰裕分理处。

合作，常常被浏阳农信联社员工顺口称为“丰裕钢管厂”。

20世纪90年代，正是乡镇企业兴起的时候，浏阳县域内乡镇企业如雨后春笋一般涌现，而丰裕钢管厂正是其中一匹黑马。当时，浏阳农信联社下辖的永安、丰裕、营业部3个信用社向丰裕钢管厂发放贷款2190万元，是浏阳农信联社对单一法人发放的最大一笔贷款。

然而，贷款发放没过多久，丰裕钢管厂就因经营不善而陷入危机。自1992年11月开始筹建，至1995年10月被浏阳市人民法院依法宣布破产清算，短短不到三年的时间，丰裕钢管厂就从当时浏阳市最大的合资企业折戟为一家倒闭企业，存续期间仅生产出3100吨的非标准钢管，其中的标准钢管一根也没有生产出来。

1993年10月，丰裕钢管厂仅在丰裕信用社就有贷款500万元，占这个小小信用社各项贷款余额的近六成，可谓牵一发而动全身。据信用社的一位老员工回忆，当丰裕钢管厂贷款可能出现问题的消息传来时，所有员工犹如栽进了冰窖中一样，冻了个透心凉。“第一感觉就是天塌下来了，因为数字太大，肯定会造成信用社的巨大亏损。”谈起这件事情时，这位老员工还显得异常激动。

如何解决丰裕钢管厂的不良贷款问题？在深入分析该企业的经营后，浏阳农信联社形成了统一的意见，即贷款只能减少，不能增加，要及时止损，最大限度地化解风险。这种近乎“壮士断腕”的决心，及时为信用社止住了损失，使其没有陷入更大的被动局面。

回过头来复盘，丰裕钢管厂的贷款发放虽然一定程度上受到了当时的主管行的决策影响，但是浏阳农信联社自己内部也存在两种不同的声音。一种认为大额贷款不安全，稳妥点比较好。在这笔贷款的审批环节中，浏阳农信联社的一些领导班子成员投出了反对票，并在信贷审批表上写上了这样一段话：“丰裕钢管厂是合资的公司，没有管理能力，缺乏充裕的资金流，不支持发放贷款。”另一种认为要无条件支持乡镇企业，更倾向于“做大额”“垒大户”，甚至有些基层信用社员工还声称，一个信用社只要管好一个大额贷款客户就能够“吃饱”。

然而，理想很丰满，现实很骨感，丰裕钢管厂的贷款不但没有让信用社“吃饱”，反而使信用社入不敷出，亏损严重。据统计，丰裕钢管厂造成永安、丰裕、营业部这三家信用社连续4年亏损，亏损金额共计910万元，至2021年12月底仍有500余万元表外不良贷款未收回。

对于当时的浏阳农信联社来说，“做小”还不仅是一种战略选择，而且是一个生存问题。丰裕钢管厂血淋淋的教训让丰裕、永安、营业部三家信用社体会了“做大”是如何痛彻心扉的，浏阳农商银行党委书记、董事长李寿树在回忆时仍心有余悸地说：

在那个物质匮乏、群众文化程度不高的年代，我们都是普普通通的农民孩子出身，没有受过高等教育，也没有把服务“三农”想得那么复杂。当时“做小”的初衷，其实很简单，就是一心一意想把农信社搞好，不想再让丰裕钢管厂的惨痛教训重演。既然大额贷款做不了，那么就做小额贷款，哪怕麻烦一点、累一点，但不把鸡蛋放在一个篮子里，风险也许会小一点，就算以后出现坏账，那也不会伤筋动骨。

丰裕钢管厂的惨痛教训让浏阳农商银行开启了“做小”的战略思考，也对后来“小、融、稳”经营之道的形成产生了意义深远的影响，至今都被行里作为典型案例予以学习剖析。浏阳农商银行为什么“做小”？丰裕钢管厂的教训是绕不开的“线头”，也是关键的转折点。

与此形成鲜明对比的是，在同一时期，浏阳农信联社下辖的大圣信用社以服务小农户、小商户、小企业为切入点，大力推广小额贷款业务，积极培育信用环境，取得了不错的业绩和反响，形成了一种“做小”的启示。大圣信用社的资产质量高、经济效益好，成为其他信用社争相学习的标杆，其“知根知底知风险，小额贷款风险小”的经验做法在浏阳农信系统内广为流传。浏阳农商银行党委副书记、行长胡琦文谈到这种“苦甜”

对比时说："在生产系统、产品服务、人员队伍一致或接近的情况下，丰裕、大圣两家信用社却呈现出不同的经营态势，这让我们意识到，问题不是出在执行操作层面，而是在于战略理念。"

同时，浏阳农商银行要"做强"，即实现发展壮大，那么"做小"是必然路径。以前，由于受到交通、科技、网络等条件的限制，仅靠农村信用社员工无法满足农民生产生活的资金需求，大量的信贷支农资金都是通过信用代办站发放的。然而，由于机制缺失以及管理不善等问题，经济案件频发，信用代办站逐步退出了历史舞台。信用代办站撤并后，浏阳农商银行失去了原本到村、到组的"支撑腿"，不少员工感觉到存款组织、贷款投放比以往更加吃力，业务增长速度放缓；再加之农村金融市场竞争者的纷纷入场，小微客户成为竞争的焦点，使浏阳农商银行员工认识到"做小"才能帮助农商银行"做强"。

"做大"的教训、"做小"的启示、"做强"的呼唤——历史上偶然与必然相互作用的实践进程，让这三种因素交织汇聚，共同促使浏阳农商银行瞄准了一条专注小微的普惠金融道路。

## 第二节　赢在农村"蓝海"

20世纪90年代，当时还顶着国家级贫困县帽子的浏阳，由于四面环山，交通不便，全县经济社会发展受限。当时的浏阳县委、县政府清醒地认识到，要致富必须先修路。随即举全县之力，于1992年开凿4公里长的蕉溪岭隧道，启动修建全省第一条里程达32.3公里的高等级公路（319国道浏永公路），开创了"国道县修"之先河。1996年，随着蕉溪岭隧道群建成，319国道浏永公路实现全线通车，使浏阳到湖南省会长沙的车程由

3小时缩减至1小时，推动了浏阳、长沙交通网络的互联互通。而在这一年之后，浏阳成功摘掉了全国贫困县的帽子。

便利的交通成为拉动地方经济的强力引擎，浏阳对外开放的大门由此逐渐被打开。伴随着浏阳社会经济的腾飞，浏阳农信联社迎来自身的快速发展期。然而这条路怎么走？走成什么样？当时的浏阳农信联社的员工自己心里也没底。

1997年初，当时正值寒冬腊月，天空飘着雪花，刺骨的寒风吹在人脸上宛如刀割。与屋外寒风凛冽不同，浏阳农信联社会议室内却温暖如春，这一冷一热的温差形成了鲜明对比。这是浏阳农信联社与中国农业银行“脱钩”之后的第一次年度工作会议，黄贤春、罗继红、罗成林等时任领导班子成员全体出席，各部门负责人悉数到场。会议从天亮开到了天黑，虽然会议持续时间很长，但与会人员个个神采奕奕，看不出丝毫疲倦的样子。此时此刻，他们是一群热情无畏的开拓者，用思维碰撞的火花，勾勒着浏阳农信未来的发展蓝图。

此次会议的焦点集中在两个方面，一是怎么防范、化解当前的金融风险；二是走什么样的发展道路。在第一个问题上，浏阳农信联社将1997年定为“风险防范年”，采取了六大措施防范化解金融风险，其中最重要的一条就是实行信贷“高风险区域”管理，即将企业类贷款分类，将信誉度低、经营效益差、管理混乱的企业列入“高风险区域”名单，作为农信社贷款的禁区。通过下猛药治重病，浏阳农信联社在千禧年之前，摘掉了最后3个高风险信用社的帽子，从此实现了“社社盈利”，再无一家信用社亏损。

在第二个问题上，经过认真研判分析后，浏阳农信联社作出了“农村包围城市，扎根农村阵地，辐射城区居民”的决策。做出这样的决策，主要是基于三个方面的原因：一是当时的浏阳市是一个农业大县，农村面积和人口都占了绝大多数，深深扎根于农村，也就意味着占据了大量的客户资源。二是信用社在信息科技、风险防控、产品服务方面都与大型银行有较大差距，如果只将客户群体锁定在城市居民，没有优势，竞争效果不会很好。三是做大额贷款，短期内可能有大收获，看起来立竿见影，却也意味着要承担巨额损失的风险，历史上因“做大”导致重大亏损的教训历历在目，与会者均倾向于化大为小，分散风险。

事实证明，浏阳农商银行选择了一条正确的发展道路。从市域经济分布来看，截至2021年底，浏阳全市5007平方公里的行政面积，其中70%以上都是农村；全市近150万人口，其中一半以上都是农村居民；全市2021年地区生产总值为1617亿元，其中过半数都是由乡镇创造的；农村居民人均可支配收入增长率和人均消费支出增长率分别高于城镇居民2.7个百分点和7.9个百分点。“人、地、财”三者都是农村占了大头。因此，对于浏阳的银行机构来说，赢得农村就意味着赢得市场。

从员工队伍来看，当时的浏阳农信联社员工普遍学历低，“高精尖”人才奇缺，不能与大型商业银行相提并论。但是，信用社的员工绝大部分出身农村，个个能吃苦耐劳，有着天然的人缘、地缘优势，与当地百姓有共同语言，联系紧密。从20世纪90年代起，大型商业银行纷纷退出农村市场，为农信社的渠道下沉，填补农村金融市场奠定了外部基础。

从风险防控来看，“做小”兼顾了风险与发展。“做小”意味着服务小微，说明信贷资金投向主要是个人生产经营领域，这个领域的客户以农户、个体商户、小作坊主、手工业者等个体经营者为主，凭借自己的劳动获取收入。这些客户普遍缺乏抵押物，但其中大部分都有良好的社会口碑和勤劳的品质，属于发展潜力较大的“信用白户”。通过“小额分散”的方式，浏阳农商银行向这些小微客户提供生产经营资金，不仅可以将业务化大为小，而且还可以不断扩大基础客户数，牢牢稳固市场阵地，使得人缘、地缘优势得到充分发挥。

时至今日，随着大型商业银行重返县域市场，股份制商业银行、城商行异军突起，有着19家银行业金融机构的浏阳市，已经很难说是银行的“蓝海”。但是，得益于几十年来坚持“做小”所产生的先发优势和巨大能量，浏阳农商银行深深扎根于农村金融市场，与农民和农户建立了稳定的信任关系，以较低的成本，抢占了蓝海市场，圈住了流量红利，逐步形成了自身的差异化竞争优势。

## 第三节 从战术到战略

近二十多年来，浏阳经济保持良好增长势头，人民的生活逐渐富裕，浏阳也由一个落后的农业县转型为全国闻名的“工业强市”，吸引了蓝思科技、惠科光电、盐津铺子、豪恩声学等一大批国家级、省级重点项目落户。以前不会与农商银行打交道的大客户、大项目陆续找上门来，希望能够获得大额信贷资金支持。浏阳农商银行董事长李寿树在接受采访时曾坦言道：“浏阳农商银行自1997年扭亏为盈以来，无论是农信联社期间，还是农村合作银行、农村商业银行时期，各项经营业绩一直以来都保持在全省农信系统的先进行列，品牌知名度和号召力也日益增强。如同一个人白手起家成为富翁，自然会有一些光鲜亮丽的富人朋友找上门来。其实我们也曾犹豫过，是不是要进入‘富人圈’，富人朋友所需的资金规模大，看似比和农民‘穷亲戚’打交道更有效率。但是后来的实践证明，我们选择深耕小微的战略才是正确的。”

这其实只是一个小小缩影，充分反映出经营步入快车道后，浏阳农商银行员工对于自身“做小”的定位也彷徨过。“富朋友”和“穷亲戚”到底要哪一个？怎样守住“做小”的初心，不被“做大”诱惑侵蚀？这成为摆在浏阳农商银行面前的又一道难题，也让其逐渐意识到“做小”不能只是一种战术，而是要上升到全行的战略层面。

在调查研究过程中，浏阳农商银行发现，经营状况好的农商银行无一例外都是相似的，经营较差的农商银行却各有各的问题。相似点是什么？就是坚持“做小”的战略格局。

浏阳农商银行认为，如果只把“做小”当作一种战术，片面地解决“怎么做”的问题，那么很可能导致“做小”的决心不够坚定，从而走上“做大额、垒大户”的道路。但是，如果将“做小”升华为一种战略，从全局、长期来考虑，在根本上解决“做什么”的问题，使得“做小”成为一种深入骨髓的文化基因，那么就能激发出“做小”理念的旺盛生命力。

也就是说，从1996年遭遇历史最大亏损的教训之后，浏阳农商银行开始将经营重心转移至农村市场和小微客户，并在不断探索的过程中，逐步将“做小”由战术升华为战略。“做小”的战略理念渗透进了全行经营决策、执行、管理、改革的各个方面，成为“小、融、稳”文化体系的根基。“做小”的战略理念有多重要，从长浏高速的贷款审批中可见一斑。

2008年10月31日，长浏高速项目正式开工，计划五年后建成通车。长浏高速路线起点位于湖南省与江西省交界处浏阳市大瑶镇洪口界，与江西省萍洪高速公路的终点洪口界隧道出口相接，终点位于浏阳市永安镇，与长永高速公路相接，主线里程长65.29公里，是湖南省规划的“五纵七横”高速公路主骨架的重要组成部分。在项目立项以后，湖南长浏高速公路建设发展有限公司以及浏阳市政府都多次找到浏阳农商银行主要负责人，建议农商银行与国有商业银行共同发放银团贷款，用于长浏高速的征地拆迁和项目建设。

当时，这笔银团贷款计划分配给浏阳农商银行的额度是10亿元，超过全行当年贷款投放计划的200%，而且又是省、市政府极力推进的基础设施项目。在讨论会上，一些业务部门的经理支持参与项目融资，毕竟此举不但可以缓解零售业务的营销压力，也可以获得长期的利息收入。

但是当时浏阳农商银行的领导班子只要求参与讨论人员做了一件事——请在心中默念浏阳农商银行“做小”的理念。全体参会人员纷纷在心中将“小额存款最稳定，小额贷款最安全”这句话默念了两遍，随即豁然开悟，原来这是一个早已经有答案的问题，故最后浏阳农商银行委婉拒绝了该项目。浏阳农商银行拒绝这笔贷款的原因主要有三点：一是自身立足农村，支持“三农”的战略初心不能变；二是小额贷款最安全的经营理念不能改；三是大额贷款准入门槛不能降。

2009年6月，湖南长浏高速公路建设发展有限公司以高速公路收费权为质押物，通过银团贷款的方式，向两家国有商业银行借款26亿元，期限17年。2019年7月，湖南长浏高速公路建设发展有限公司由于负债过重，无力偿还所欠债务，向法院申请破产，并以45.7亿元的价格拍卖高速收费权。当公司破产清算时，共有200多户债权人前来申报债权，金额共计75亿元，其中拖欠上述大型商业银行贷款本息达27亿余元，导致这两家银行在其后数年里不良贷款率都处于高位。

“长浏高速”融资的案例看似是浏阳农商银行“运气好”，究其原因，是其背后“做小”战略的支撑。浏阳农商银行不热衷于扩张“分母”，而是时刻想着如何做好“分子”。

浏阳农商银行“做小”的战略是“四小”理念——小额存款最稳定、小额贷款最安全、小额客户最扎实、小额业务最亲民。但在“四小”理念的形成背后还有一个鲜为人知的故事。最初，浏阳农商银行用最为通俗易懂且朗朗上口的语言，阐述了“做小”的道理，即“小额存款最稳定、小额贷款最安全”，这也被大家称为“两小”理念。然而，迈入新时代之后，银行业自上而下正经历着一场由经营业务向服务客户的深刻转变，竞争焦点从拼资产、拼负债规模，转为拼服务、拼渠道、拼产品、拼队伍。

如何立足新的时代特点和业务逻辑，进一步丰富“做小”的战略和战术内涵？浏阳农商银行也不断在实践中总结，在总结中实践，追寻着属于自己的“答案”，将“做小”的理念升华发展。正是基于新时代的新要求，浏阳农商银行不单单是着眼于业务发展，更体现了“以客户为中心”的思想，于2020年将原来的“两小”理念升华为“四小”理念，进一步充实其内涵。欲行动，则理念先行。转变需要从思想理念开始。近年来，浏阳农商银行专注于提升客户体验度，加快推出线上快贷产品，出台大走访、大让利活动，为客户提供高质量、高品质、高效率的特色小微金融服务。可以说，这些实实在在的行动举措就是“四小”理念的最好诠释，也是理念蓬勃生长的源泉。

# 第五章　农户小额信贷进化论

— 从农户贷款证说起
—“四位一体”再出发
— 插上数字化翅膀

“农户小额信用贷款是浏阳农商银行的核心竞争力之一。”李寿树感叹道。在他眼里，农户小额信用贷款就是浏阳农商银行“做小”战略的最好体现。

几代浏阳农商银行员工花费了近30年的时间，专注打磨出了一款浏阳人民家喻户晓的明星金融产品——农户小额信用贷款。纵观农户小额信用贷款的发展历程，“简单、快捷、足额、实惠”的八字箴言始终贯穿其中。

## 第一节　从农户贷款证说起

浏阳市社港镇坐落于浏阳市北区，地处浏阳、平江、长沙三县（市）交界处，是100位为新中国成立作出突出贡献的英雄模范人物之一的寻淮洲烈士的故乡，也是秀美宜人捞刀河的发源地。在碧波荡漾的捞刀河畔，有一户与浏阳农商银行渊源颇深的人家，户主名叫寻思久，是一位地地道道的农民。

寻思久是土生土长的浏阳社港人，今年已经60多岁了，在他的家中，还留存着一张保存完好的农户贷款证。提起这张略有泛黄的贷款证，寻思久至今仍记忆犹新，当时与信用社结缘就是因为这一张薄薄的“纸”，没想到这交道一打就是20年。

2001年，寻思久正处于不惑之年，家庭的担子不轻。那时正值新安村（现合盛村）创建优质烟叶千亩村期间，寻思久便向村部提出了想参与烤烟种植的想法。

没过多久，村干部领着两名身着制服的陌生人来到他家中。这两位“陌生人”自我介绍，说自己是社港信用社的信贷员，从村部了解到寻思久准备种植烤烟，正好农信社推出了面向烤烟种植户的贷款产品，就想来看看有没有需求。

几番交流下来，寻思久觉得种植烤烟资金周转压力大，如果真有银行肯借钱给自己，无异于天上掉馅饼。于是，他抱着试一试的态度聊了起来。只见两位信用社工作人员从随身携带的背包中拿出一张《农户信用等级评定信息采集表》，开始了现场问询：

“您家里有几口人，家庭收入主要来源是什么，支出的主要用途是什么……”信用社工作人员耐心地询问，寻思久认真作答。情况了解得差不多后，两位工作人员起身告辞，说用不了多久他的贷款证就能办下来。

寻思久心想自己和信用社素未谋面，短短一次走访就愿意给自己借钱，这不太可能，可能是村干部在场，说说场面话而已。想到此，他也就没把这事放在心上。

几天后，那两位信用社工作人员就将一张崭新的农户贷款证送到了寻思久手中，并告知他使用方法和注意事项。拿着贷款证，寻思久仍旧没有踏实感。“还是得用一下看看是不是真的，正好明天要买化肥了，顺路去一趟信用社”，寻思久自顾自地说道。令他不曾想到的是，第二天的借款流程却无比顺畅，这张薄薄的贷款证真的帮他借到了钱。

至此，寻思久心中的疑虑彻底被打消了，用他自己的话说就是，“自从有了‘贷款证’，我随时都能到信用社贷款，种起烟来劲头足咧！”2001年，寻思久从社港信用社贷款1700元种植了4亩烤烟，一年就赚了7600元。在与信用社工作人员交流时，他不禁感慨万分：“信用社的一张贷款证换来了我的一片丰收田。”

二十年的合作，寻思久家里新建了小洋房，家庭和事业都获得了双丰收，他的儿女早已长大成人，也都是浏阳农商银行的客户。从立借据，到柜台签约，到手机银行放款，再到惠农快贷无感授信，寻思久一家人的农户贷款证也由最早的纸质升级为电子介质，但是这张浸润历史沧桑的贷款证，却无声地记录着农户小额信用贷款的进化与演变。

浏阳农商银行农户小额信用贷款的起源最早可以追溯到1992年。但遗憾的是，当时，随着乡镇企业的兴起，浏阳农信联社的信贷投放重心逐渐转移至大额贷款客户，至1996年与中国农业银行“脱钩”之时，浏阳农信联社农户贷款占比仅为22.83%。

1998年初，长沙卷烟厂将浏阳确定为烤烟种植基地，许多种植烤烟的农户纷纷到当地信用社借款。起初，一些基层信用社的信贷员都有点惜贷、惧贷，因为种植烤烟的农户大多都没有抵押，贷款放出去能不能收回还是个疑问。为了打消员工的顾虑，浏阳农信联社创造性地构建与政府、烟站、烟农的合作链，实行“全流程服务、闭环式管理”，确保信贷资金用于烟苗收购、化肥农具购置等生产环节，很好地管住了风险。当年春季，浏阳农信联社以每亩300元的额度向273户农户发放贷款68.5万元；同年年底，273户农户均正常还款，无一笔进入不良贷款。

烤烟贷款100%的收回率，不仅加强了浏阳农信联社坚持“做小”的信心，还让时任浏阳农信联社主任罗继红看到了未来发展的增长点。过去人们总认为农民借钱没保障，但是烤烟贷款的牛刀小试，让大家感觉到“农民贷款最放得心”。以此为契机，浏阳农信联社探索出“以土地为基础，以信誉作保证，一次核定，周转使用”的农户小额信用贷款模式。

2000年，中国人民银行要求全国农信社简化农户贷款手续，采用农户贷款证的形式，遵照“一次核定，随到随贷，余额控制，周转使用”的原则进行管理。

不过，在实际推广中，浏阳农信联社遇到了新的问题。一方面，部分信贷员还有“春放、秋收、冬不贷”的传统信贷管理思想，对于这种“随到随贷”的小额信用贷款产品有一定抵触心理。另一方面，由于以前农户贷款采用的是“分散作业”的方式，每笔农户贷款办理时，信贷员都先进行上户走访，再审批发放贷款。这就导致一笔农户贷款的办理，从贷款申请、贷前调查、贷款审核、贷款发放、贷后管理等环节都要花费大量的人力物力，信贷员往往疲于奔波调查了解客户家庭情况，导致贷款发放的效率不高。

面对农户小额信用贷款办理环节长、成本高、效率低的问题，罗继红决定采取集中作业的形式，将贷款申请、贷前调查、贷款审核三个环节前置，面向全市开展评级授信工程，并依托村支两委干部的支持，提升评级授信的效率和准确性。

在信息科技还不是很发达的2000年，评级授信不像是技术活，反而更像一种“劳动密集型”的体力活。面对浏阳市近30万户的农户家庭，要让符合条件的农户都能拿到贷款证，在那个交通不发达、信息相对闭塞的年代，其难度可想而知。

俗话说，熟人熟面好办事。如何让评级授信这个体力活变得轻松一点，浏阳农信联社发挥了“熟人”的优势，借助村组的力量，让村干部、村民组长等“熟人”带路，扩大评级授信的影响力，在全市各村成立了由村委会、组长、社员代表和信用社成员构成的评审小组，逐户建立农户信用档案。

此时的农户评级授信是采取自报公议的办法，先由农户自行申报贷款金额，再由评审小组根据家庭收入、信誉程度等条件，对农户进行信用等级评定，按照信用等级进行授信，核发农户贷款证。最初的授信等级分为优秀、良好、一般三级，标准分别为优秀级5000元、良好级3000元和一般级1000元，形成了建档、评审、定级、授信、发放、收回一体化管理模式。

然而，在评级授信推进过程中，浏阳农信联社也遇到了不小的阻碍。一方面，部分农户持观望态度，认为信用社不可能给农户发放信用贷款，因此不愿意配合评级授信工作；另一方面，由于当时农户的金融知识水平普遍不高，诚信意识较为薄弱，有些农户甚至认为信用社的钱借了就不用还。

在这种环境下，如何用群众喜闻乐见的方式推广农户小额信用贷款？罗继红想到了利用湖南本土的戏曲剧种——花鼓戏，打造一台绘声绘色的舞台戏剧，让群众身临其境地感受到评级授信的好处。2002年5月起，浏阳农信联社开展了“构筑信用文明、推进‘三化’进程”百场文艺下乡活动，以诚信致富为主题，自编了一台现代花鼓戏，在全市40个乡镇街道巡回演出，现场观众累计人数达20余万，一度成为当地百姓茶余饭后的热门话题，不仅让群众认识到失去诚信意味着“没面子、没票子、没路子”，同时也更有效地推广了农户小额信用贷款产品。

全面推广的农户小额信用贷款，军团式作战的集中信息采集，再辅之以接地气的宣传策略，一下子扭转了原来基层信用社单打独斗的松散局面，集中优势兵力啃下了评级授信这块硬骨头。2001年9月25日，时任浏阳农信联社主任的罗继红参加了中国人民银行总行在山东济南举办的全国农村信用社金融监管与金融服务工作会议。浏阳农信联社荣获了全国农村信用社支农先进单位称号。同年12月11日，罗继红受邀赴京，参加由时任中国人民银行行长戴相龙主持的全国推广农户小额信用贷款暨信用村建设座谈会。作为参会的十家地方信用社代表之一，罗继红不但就浏阳农信联社的“农户小额信用贷款”经验和做法作了典型发言，还在会后接受了央视记者的现场采访。2002年底，浏阳农信联社对全市26.7万户农户进行了评级授信，占辖内农户总数的86%，普惠金融在浏阳的大地上先行先试。不仅如此，浏阳农信联社还被中国人民银行武汉分行确立为辖内三省推广农户小额信用贷款的示范点。从此，在浏阳全市范围内，手持农户贷款证的农民到信用社贷款，不需要托关系、找熟人，不用往返周折，“春放、秋收、冬不贷”的传统农贷方式也成为历史，农户小额信用贷款帮助许多农民圆了致富梦，更成为浏阳农商银行光彩熠熠的一张金融名片。

## 第二节 “四位一体”再出发

2007年，对于浏阳农商银行来说意义非凡。

此时，浏阳农村合作银行正面临着“做小”道路上的又一次重要拐点。经过多年的实践，农户评级授信工作每年都在有条不紊地推进。但时任董事长罗成林却发现，农户小额信用贷款业务出现了停滞不前的“怪圈”，其贷款增量放缓，不良贷款率却逐步攀升。此事引起了罗成林的重视，他特别组织召开了专题研讨会议。经过梳理分析，当时农户小额信用贷款业务面临的问题主要有以下四个方面：

其一，管理难度较大。浏阳是传统的农业大县，2007年共有农业人口121.5万，占比达89.1%，而当时浏阳农商银行的信贷员数量不到200人，这导致客户信息不能及时更新，评级授信准确度打了折扣。

其二，授信额度偏低。当时，浏阳农商银行的农户评级授信最高额度仍为5000元，与浏阳全国百强县的经济发展水平不相匹配，不能满足农户生产生活需求，导致部分农户另谋融资出路，使农户小额信用贷款有效需求萎缩。

其三，信息渠道不畅。一些村干部碍于情面，对辖内农户信用等级变化情况反映不够充分准确，部分村组协管员缺乏责任感，未能认真负责地履行职责，从而使得信息不对称的“鸿沟”越来越大。

其四，观念意识弱化。部分信贷员认为农户小额信用贷款笔数多、金额小、工作量大，导致工作作风漂浮；部分农户信用观念淡薄，存在“不能贷”“不会贷”的问题，导致一些信贷员“不想贷”“不敢贷”。

摆在罗成林面前的问题昭示着，农户小额信用贷款改革势在必行。但是，怎么改、改成什么样子？当时的罗成林心里一时也没有底。为此，他走遍了全市各个乡镇街道，与当地的党政主要领导、村支两委干部、基层支行行长以及农户进行了深入调研交流。

在调研过程中，罗成林找到了四个难题的症结所在，评级授信往往是由银行主导，政府只是充当“二传手”的角色，许多基层乡镇干部的积极性普遍不高，而单靠农商银行的信贷员又难以承载全市农户贷款的管理重任，因此导致各个乡镇、行政村甚至村民小组的评级授信工作都存在着良莠不齐的现象。经过数次的会议讨论后，罗成林决定换一种工作思路，全力争取地方党政支持，让评级授信工作由原来的银行主导变为政府主导，将银行行为变成一种政府主导推动的行为。

2008年4月30日，这天对于当时的浏阳农村合作银行社港支行行长任发荣来说，是一个记忆犹新的日子。正是在这一天，浏阳农村合作银行的农户小额信用贷款改革试点工作在社港镇启动。在社港镇“三农”工作会议上，任发荣作表态发言，他动情地说道，农户小额信用贷款不仅是农民发家致富的好帮手，更是服务“三农”、建设新农村的助推手。

当时的浏阳市副市长也出席了此次会议。这位副市长在浏阳工作了二十余年，对浏阳农村合作银行早已熟悉得不能再熟悉，深知农户小额信用贷款对于农村经济的助推作用。他当即指示，一定要把农户小额信用贷款改革试点工作当成政府自己分内之事，把这项工作搞起来，又好又快地推动社港地方经济发展！

此次会议犹如一石激起千层浪，点燃了全体与会人员干事创业的激情。社港镇的农民可能都没有意识到，新一轮声势浩大的评级授信工程就此展开，社港镇党委书记、镇长、镇人大主席等乡镇领导亲自“督战”，各村支两委干部带头走访，浏阳农村合作银行员工日夜采集农户信息，宣传车满村“喊话”，宣传折页、海报铺天盖地，评级授信工作一时成为社港镇政府各项工作的主旋律。任发荣在与社港镇丹霞村的村干部交流时感慨道：“以前银行主导推动评级授信工作，费时、费力又费心，效果有限，现在由政府主导推动，从'三费'变成了'三省'，使工作省时、省力又省心。"

"社港经验"总结起来就是"四位一体"评级授信，即"政府主导、银行联动、村组推进、农户参与"，只要政府、银行、村组、农户四个主体一体同心，评级授信工作自然事半功倍。

历时六个多月，社港镇的"四位一体"评级授信工作取得了突破性进展，全镇16个村的新一轮评级授信基本结束，其中有6个村已经核发了农户贷款证，评级授信户数8795户，占全镇总户数的78.4%，评级授信的精准度也大大提升。

成功的经验要尽快总结和推广。2008年11月20日，浏阳市农户小额贷款评级授信动员会议在浏阳农村合作银行总行召开，其实早在会前，不少听闻社港"四位一体"评级授信经验的乡镇就已按捺不住、跃跃欲试，有的乡镇已专门召开动员会议，有的甚至已选择好试点村。会上，浏阳政府领导班子点名表扬社港镇的评级授信做法，号召全市其他乡镇街道向社港镇学习，全面推广农户小额信用贷款。

随着"四位一体"评级授信机制在社港的成功实践，浏阳农村合作银行农户小额信用贷款的改革大幕徐徐拉开，开始以星火燎原之势席卷整个浏阳市。

"四位一体"评级授信机制中的四个主体缺一不可，但核心是政府主导。2008年11月25日，浏阳市人民政府下发《关于印发〈浏阳市"推广农户评级授信　促进农村更快发展"专项活动实施方案〉的通知》(浏政办函〔2008〕187号)；次年5月12日，浏阳市人民政府又下发《关于做好村（社区）协助管理农户评级授信和小额信用贷款有关工作的通知》(浏政办函〔2009〕59号)，将"四位一体"评级授信工作纳入乡镇街道绩效考核。

两年连发两个农户小额信用贷款专题"红头文件"，并要求各村选定

1~2名农户小额信用贷款协管员，负责贷款按期结息还本、催收到（逾）期贷款及协助《农户贷款证》年审工作，浏阳市政府对于“四位一体”评级授信工作的重视程度可见一斑。

与以往不同的是，“四位一体”评级授信真正成为浏阳市政府、浏阳人民自己的事，在组织推动、执行效率、评级精准度等方面较之前有着较大的不同或提升，主要表现为四个变化。

变“银行主导”为“政府主导”。浏阳市政府自上而下成立三级管理机构，一是市政府牵头，成立农办、农商银行等相关部门负责人为成员的农户小额信用贷款评级授信工作领导小组，具体负责全市农户小额信用贷款工作的整体部署和考核验收等工作；二是各乡镇、街道办事处牵头成立农户小额信用贷款评级授信工作管理小组，负责辖区内具体工作的安排部署和推动；三是各村、社区居委会成立农户信用等级评定工作小组，负责对农户信息采集、等级初评、贷款协管等具体工作。市、镇、村各级联动，层层动员，银行上下互动，协调运转，形成合力，有效化解了农信“一行难支‘三农’”的老大难问题。

变“缺额粗分”为“足额细分”。2008年以前，浏阳农商银行的评级授信最高额度仅为5000元。为了更好地满足农户的金融需求，并结合地方发展实际，浏阳农商银行将农户信用等级增加一个级别，在原有“一般”“较好”“优秀”三级分类的基础上增加“特级”分类，最高授信额度提升至5万元，且无须任何抵押担保。当时，这种授信额度在浏阳本土的银行同业间都极具竞争力。

变“被动等客”为“主动服务”。通过政府主导的评级授信工程，使得信贷员主动走村入户，送贷上门，农户凭《贷款证》及有效身份证明，就可直接在辖内营业网点“随到随贷、凭证贷款”。

变“一次核定”为“动态管理”。每年第一季度开展《农户贷款证》年审，对农户信用等级实施动态管理，根据农户信用情况适时调整信用等级，对有需求的农户开展新一轮等级评定，切实提高评级授信准确性与覆盖面。

为了提升"四位一体"评级授信的工作效率，浏阳农商银行逐渐摸索总结出一套行之有效的"五步"评级授信工作方法，实现了流程化管理。

第一步是信息采集。由辖区内的客户经理全程介入，村级农户信用等级评定工作小组逐户上门，按照统一格式的《信息采集表》，对农户的家庭人口、资产总值、经济收入、负债情况、信誉程度等逐一进行调查了解，并经农户签字认可。

第二步是评级授信。由村级农户信用等级评定工作小组对采集的意见进行真实性审查后再作初评，签署评定意见，再由各小组成员签字认可，由联片客户经理和评定工作小组领导负责审查复评。客户经理对审查的真实性负责，要求签字认可。

第三步是结果公示。评级授信结果在村组进行公示，并设立举报电话，接受群众监督。对群众举报的情况，由评定工作小组重新调查审核。

第四步是交叉核查。与公示阶段同时进行，由辖内支行组织客户经理对各村评级授信情况进行交叉检查，特别是对各村组授信偏离度进行抽查确认，具体对信用等级在"优秀"及以上的上门核查，确保信息采集的真实性和评级授信的准确性，从源头上管控信贷风险。

第五步是贷款证核发。由村级农户信用等级评定工作小组负责填写贷款证[①]，经客户经理审查确认签字后发放至农户。

2009年5月，"农户小额贷款评级授信"被评为当年浏阳人民"最满意的十件事"之一，农户小额信用贷款成为浏阳人民家喻户晓的明星金融产品。迄今为止，浏阳农商银行共计组织开展了5次全面评级授信，其间还有不定期的信息采集行动以及年审工作。也就是说，对浏阳市30余万农户"翻来覆去"的全面走访，浏阳农商银行至少进行了5次。这些全面评级授信的数据信息成为浏阳农商银行最有价值的经营资产。

① 2010年以后，浏阳农商银行的农户贷款证均已升级为电子介质，仅沿用其称谓。

无论是黄贤春、罗继红，还是罗成林、邓来发、李寿树，浏阳农商银行历届经营班子“一把手”从不怀疑自己“做小”的战略定位，也喜欢在评级授信上反复“折腾”，这是一种深入骨髓的情怀，也是一种全员认可的战略行动。

在浏阳农商银行，回访客户比走访客户更重要。这是因为与人打交道就是“一回生二回熟”的过程，评级授信更是如此，要让评级授信由“生米煮成熟饭”，必须要执行“全面走、反复走、持续走”的策略。“要做到‘走进门儿狗不吠，家家户户底子清’，这才算是走出了实效。”李寿树说道。

“客户评级授信结果越精准，我们的底气越足。”这是浏阳农商银行现任古港支行行长陈建成感触最深的一句话。2015年，他在大瑶支行任支行行长，某城商行向基层乡镇扩张，来势汹汹，一度有着“黑云压城城欲摧”之感。“这家城商行在大瑶镇，也想依葫芦画瓢地学着搞评级授信，但是由于方法不对路，不仅情况没摸清，工作也推不动。”据陈建成回忆，“后来，他们实在没有办法，只能采取跟进策略，声称对有着浏阳农商银行贷款证的客户可以直接放款。”说起农商银行的贷款证可以在其他银行贷款，陈建成有着一种从内心涌出的自豪感，“这说明我们的评级授信准确度足够高，不仅我们认同，客户认同，连同业竞争对手都认同，二十多年来评级授信所积累的客户‘底子’就是我们最大的底气。”

## 第三节　插上数字化翅膀

党的十八大以来，党中央将数字经济视为未来发展的关键，数字经济逐步成为中国把握新一轮科技革命的战略选择。数字经济发展速度之快、辐射范围之广、影响程度之深前所未有，正在成为重组全球要素资源、重塑全球经济结构、改变全球竞争格局的关键力量。我国的“十四五”规划和2035年远景目标纲要中也明确提到要建设“数字中国”。

数字经济自然离不开数字金融。数字化加快了人机交互速度，提升了生产效率。进入数字化时代，人们的生产、生活方式也在向智能化、线上化发展，数字金融的需求与日俱增。特别是新一代的年轻群体，“线上+”“场景+”成为他们更为熟悉和习惯的交互方式。如今，大型商业银行、互联网金融公司都已经提前入场，成为数字化转型的先头部队。这些公司通过借助金融科技的力量，搭建互联网交互平台，提供各具特色的数字时代体验，快速抢占客户资源及流量，形成了行业竞争优势。

对于浏阳农商银行等许多农商银行来说，数字化更是一项长期战略和系统工程。因为很多农商银行的经费投入、人才储备都有限，难以在短时间内筹集大量资源进行全面数字化转型，只能重点突破、以点带面，以小步快跑的方式走好数字化转型之路。“其实当时我们已经遇到了挑战，我们一方面感受到‘四位一体’评级授信机制所迸发的持久活力；另一方面也感受到数字化转型带来的与日俱增的压力。”李寿树对此深有体会。

正是在这种大背景下，李寿树向全行员工抛出了一个看似简单但又蕴藏深意的问题——我们办理一笔农户小额信用贷款到底要多久？

如果没有贷款证的农户，算上评级授信、合同签订、贷款发放等流程，办理一笔农户小额信用贷款需要一小时或更久；如果是已经评级授信，并持有贷款证的农户，办理贷款时间可以缩短至半小时。当然这是最理想的情况，在现实操作中，往往还可能碰到客户配偶未面签、忘带身份证等其他突发状况。但就算天时、地利、人和都满足的情况下，办理一户农户小额信用贷款的最短时间仍需要30分钟左右。

对于小额贷款客户来说，时间才是最大成本。这类客户对于贷款利率的敏感程度不是很高，却非常在意办理流程是否简单，贷款使用是否方便等问题。

随着支付宝、微信等互联网巨头进驻小微信贷领域，由它们发起的浙江网商银行、深圳微众银行等迅速崛起，花呗、微粒贷等一些互联网信贷产品受到越来越多人的追捧。网贷受追捧的原因，一方面是由于其较为宽松的客户准入条件；另一方面在于网贷全线上、秒授信的审批方式，这为客户节省了大量时间成本。

“纯线下、审批较慢”就是当前浏阳农商银行农户小额信用贷款的最大短板，也是浏阳农商银行抛出“办一笔贷款到底要多久”这个问题的意义所在。由此看来，“只让客户跑一趟”的口号已经越来越不适应当前金融市场发展的趋势，怎么让客户“一次都不跑”成为浏阳农商银行的当务之急。

对于数字化转型，浏阳农商银行有着自己的稳健步调。对于农商银行，数字化转型必须要结合自己的实际情况，不能唯数字化论，防止陷入“数字崇拜”的怪圈。当下，一些商业银行的数字化转型是以技术驱动为主，盲目追求潮流新颖的高科技，全盘否定线下的经验做法，认为数字化就是建设系统、开发应用，这是有待市场检验的观点。

浏阳农商银行所倡导的数字化转型并非粗暴推翻原有的传统业务，而是以提质增效为核心，以价值创新为目标，通过构建“一全两通三行四轮驱动”的数字化转型路径，实现科技赋能金融。

一全：数字化管理全覆盖。建立企业级大数据平台，对分散的业务系统数据进行整合，打通系统之间的数据孤岛，实现各业务系统的数据共享，有效避免系统间数据重复存储和加工问题。通过“线上+线下”数据、“结构化+非结构化”数据的整合，为风险管控、客户画像分析、潜在客户挖掘等提供数据支撑，实现“数据采集标准化、数据整合一体化、数据挖掘高效化、管理控制流程化、报表输出规范化”。

两通：内部数据互通和外部数据互通。通过引入四类数据，打破内部、外部数据壁垒，实现数据互联互通。第一类是客户信息数据，主要包括户籍、联系方式、从事行业、年收入与支出、征信情况等。第二类是政务机构数据，主要包括法院、税务、工商、人社、公积金中心等政府部门的数据。第三类是重点行业数据，主要包括水利、电力、烟草、移动运营商等数据。第四类是第三方流量平台数据，主要来源于微信、支付宝等互联网平台。

三行：手机银行、移动银行、智慧银行。大力推广手机银行，加速产品服务迭代，不断完善转账、贷款、信用卡、缴费充值、理财、外汇等功能，提升手机银行有效覆盖率。大力推广移动银行，利用移动终端设备，随时随地为客户提供借记卡开卡、电子银行签约、信用卡申请、社保卡激活、POS收单商户信息采集等业务，实现银行业务的移动式办理。大力推广智慧银行，加快网点提质改造，增加智慧柜台及机具，实现由“交易型”网点向“服务型”“营销型”网点转变。

四轮驱动：线上获客、移动营销、场景金融、数字风控。推行线上获客，构建客户信息数据库，加快线上渠道建设，引进大数据分析，获取客户流量，提升营销能力。开展移动营销，开发线上营销程序，应用二维码技术，实现“一人一营销码”，打破原来线下营销的时空限制，提升营销工作成效。布局场景金融，融入学校、医院、酒店、商超、物业等场景，开展二维码支付、线上缴费等业务，实现“跨界”运营。打造数字风控，将行内客户信息库与行外数据进行整合，通过“线上+线下”的模式，运用人工智能、大数据技术，解决信息不对称难题，抓好人工信审环节，防控欺诈风险，提升风险管控水平。

尤其是对于农商银行，数字化转型既要大胆迈步，也要仔细看路。目前，位于中部和西部地区的农商银行普遍面临资产规模较小、科技支撑较弱的现实问题，对于动辄几千万元、上亿元甚至十几亿元的数字化转型投资和布局，中小型农商银行很难承担得起高额的费用，即便有资金方面的保障，也没有与之匹配的高科技人才队伍。

尤其对于银行业来说，数字化转型的成功与否，必须要通过市场来进行检验，只有在日常业务场景中找到数字化转型的切入点，解决日常业务场景所亟须解决的问题，真正为客户创造价值，实现银行自身的提质增效，这才是数字化转型的根本目的。因此，浏阳农商银行的数字化转型没有单纯地全面铺开，而是注重“效用至上”。

站在数字化转型的十字路口，浏阳农商银行又一次将目光放在了农户小额信用贷款上，决定用“洋技术+土办法”的方式，让这款久经市场检验的明星产品焕发出不一样的活力。

每一次的转型都是从认识问题开始。面对数字化浪潮，浏阳农商银行农户小额信用贷款主要存在以下三个方面的问题：

其一，费用成本较高。纯线下的采集方式需要消耗大量人力物力。同时，农户第一次持证用信和贷款年审，仍需要前往银行网点办理，这与农户小额贷款“授信额度小、用信周期短、借款需求急、业务频率高”的设计初衷相违背，同时也增加了客户使用成本。

其二，管理流程烦琐。农户小额信用贷款面对的是成千上万的分散农户，要准确掌握其生产、生活及信用情况，客户经理要付出大量的精力。但是，目前浏阳农商银行农户小额信用贷款仍采用传统线下发放的模式，无纸化程度低，仅信贷文本资料制作就须耗费大量时间，放贷高峰期客户经理即使加班加点也难以完成工作。

其三，人工干预过度。纯线下办贷的方式给予了客户经理较大的权限。一方面，尽管大多数农户的还款意愿很强，信用程度越来越高，但每个客户经理对于风险识别的标尺不一，很难一碗水端平，这就造成客户的评级授信结果存在较大的浮动空间；另一方面，贷款办理、年审权力掌握在客户经理手中，难免会存在道德风险。

正如前文谈到的，浏阳农商银行农户小额信用贷款产品的优势明显，但也存在短板，李寿树幽默地将其形容为“长短腿”。浏阳农商银行农户小额信用贷款的优势在于评级授信结果准确，其农户小额信用贷款不良率常年保持低水平。这些都是由几代农信人坚持不懈、一步一个脚印走出来的，经历了市场长期检验，甚至得到同行认可的评级授信数据库比大数据风控更加准确，这也是浏阳农商银行的独特优势。同样，农户小额信用贷款的短板也比较明显，就是流程复杂，办贷效率不高，需要耗费大量的时间及人力成本。

如今，银行业粗放发展的方式难以为继，农商银行比拼的早已不是“百米冲刺”的爆发力，而是马拉松长跑的持久力。“在大数据时代，农商银行就应该要有自己的持久力。”李寿树表示，“网商银行、新网银行目前的不良贷款率都在1.5%左右，贷款累放金额均达到千亿元级别，对于开业仅五六年的银行来说，不良贷款率其实不低。”这些互联网银行主要靠高利率、高增速的打法来快速抢占市场，但是很大一部分不良贷款风险是被贷款规模扩张而掩盖。

李寿树认为，当下越来越多的消费者认识到网贷利率其实不低，只要农商银行打通线上渠道，跟进线下服务，一定能够在这场争夺小微客户的持久战中取得胜利。

因此，要打赢这场持久战，浏阳农商银行就必须要为农户小额信用贷款插上数字化的翅膀。于是，一场农户小额信用贷款的提速工程就此展开，浏阳农商银行将传统农户小额信用贷款升级为惠农快贷，把农户小额信用贷款客户往线上迁移，并将多个特色产品线上化，打造了“浏阳快贷”系列品牌。通过“普惠授信、清单管理、线上全办、人品增信”的方式，实现白名单客户线上申请、签约、放款、还款全流程自助用信。具体的做法有以下四个方面：

其一，普惠授信：利用大数据、人工智能等技术，引入多维数据源建立信贷风险模型，全面综合判断客户的还款意愿、还款能力和授信可行性，实现自动授信、定价和风险预警。打破以户为单位的界限，对无异常信息并且有完全民事行为能力的农户个人，全部纳为授信对象（夫妻双方授信一人），给予30万元（含）以内的普惠授信额度，并通过电话、微信、公示、上门走访等方式，反馈至获得普惠授信额度的农户。

其二，清单管理：建立“风险清单”，对违法、失信等道德行为风险人员进行排除。对风险清单之外的农户均纳入普惠授信白名单。遵照“应授尽授”原则，不管需求额度再小、自身条件再差，只要能坚守信用、有还款意愿的农户，都能得到与其生产、消费相匹配的贷款授信。

其三，线上全办：秉承“正常的还款借款记录就是最好的年审”的理念，实现贷款流程全部线上无纸化办理，所有普惠授信的白名单客户无须再到网点办理任何手续。

其四，人品增信：对普惠基础授信额度无法完全满足其产业发展资金需求的农户，可以结合基层社会治理情况，将农户荣誉评定、道德评价、治理信息等人品评价纳入增信内容，方便快捷地给予差异化增信。

在数字化技术的加持下，客户经理逐步解放双手双腿，不再被烦琐的信贷管理流程所束缚，于是，浏阳农商银行的“四位一体”的评级授信也升级成为“一二三四五六”的整村授信，即：

咬定一个目标：推动整村授信全覆盖。

实行双线操作：以评级授信流程为明线，建立客户信用档案；以客户信誉、口碑为暗线，建立客户管理黑名单。

统筹三大授信：用好小额农贷、小额商贷、小微企业贷款产品。

凝聚四方力量：汇集政府、银行、村组、农户的合力。

推动五个常态化：坚持评级授信常态化、活动引领常态化、创新驱动常态化、信用环境培育及产业培植常态化、客户走访常态化。

深化六项机制：全力抓好村组协管机制、客户年审机制、金融村官机制、风险管理机制、信用镇（村）评价机制、客户经理管理机制。

事物总在发展变化，农户小额信用贷款同样如此。在大数据、云计算、人工智能等信息科技快速发展和迭代的年代，我们有幸见证金融与科技的深度融合，以迅雷不及掩耳之势打破现有银行业的边界。但是，在科技背后，浏阳农商银行用独有的温情，以“简单、快捷、足额、实惠”的八字箴言，还在书写着农户小额信用贷款的情怀与梦想……

# 第六章　金字塔式的客户结构

— 小额客户“真香”
—“小额存款”大有可为
— 用好漏斗思维
— 客户是立行之本

# 第一节 小额客户“真香”

浏阳农商银行每年平均接待30多家来自全国各地的农商银行，这还不包括相关金融监管机构和政府部门。在来访的农商银行中，有90%的都感叹浏阳农商银行的小额客户最“扎实”，称赞其小额客户基础很牢固。为什么浏阳农商银行的“小额客户最扎实”？可以先从2021年底的客户结构性数据说起。

浏阳农商银行10万元（含）以内的存款客户占比93%；10万~50万元（含）的存款客户占比6%；50万元以上的存款客户占比不到1%。

浏阳农商银行10万元（含）以内的贷款客户占比65%；10万~50万元（含）的贷款客户占比28%；50万~300万元的贷款客户占比6%，300万元以上的贷款客户占比不到1%。

50万元以上的存款客户占比不到1%、300万元以上的贷款客户占比不到1%……从两个不到“1%”中可以很直观地看出，大额客户数量在浏阳农商银行占比并不高，99%都属于户额较小的客户，存款、贷款客户数据结构呈现明显的金字塔结构特征。2006年，浏阳农商银行正式提出打造基础客户金字塔，以农户为塔基，以商户为塔身，以小微企业主为塔尖，做实、做细、做好基础客户工作。2021年末，浏阳农商银行存款、贷款市场份额均居全市首位，分别高于排名第二位的银行19个百分点和16个百分点，小额客户为浏阳农商银行贡献了七成多的利润。

2005年，联合国在“国际小额信贷年”会议上第一次明确提出普惠金融的概念，号召金融机构以可负担的成本将金融服务拓展至欠发达地区和社会低收入人群，为其提供价格合理、方便快捷的金融服务。而在2000

年，浏阳农商银行的员工已经在实践着普惠金融。他们正顶着炎炎烈日，头戴编织草帽，或深入乡村的田间地头，或行走在崎岖蜿蜒的山间小道，为农户填写小额信用贷款的信息采集表。

当时，大型商业银行淡出农村，留下了广阔的农村金融市场，但这片土地是贫地还是沃土，谁也说不准。时任浏阳农信联社主任罗继红说过："在那个年代，大家不看好小微客户，因为做小微客户前期需要投入大量的人力物力，见效却很缓慢，几年之内基本看不到回报，所以小微客户被当成了'冷馒头'。"

当时的具体做法是，在评级授信的基础上，浏阳农商银行继续细分客户类型，以"小额农户贷款、小额商户贷款、小微企业贷款"产品为抓手，持续推进"地毯式"农户评级授信、"扫街式"商户评级授信、"点阵式"小微企业评级授信"三大授信"，抢占和巩固农业、产业、商圈、园区"四条战线"。这种"三大授信、四线作战"的模式，让浏阳农商银行积聚了一大批忠实的小微基础客户。

2008年，作为首家大举进军小微企业金融服务的全国性商业银行，民生银行以民生小微贷产品一枪打响。一时间"小微"成为银行业的热点词汇，如今更是成为每家商业银行必谈的话题，小微客户成为银行业争先抢夺的"香饽饽"。

当部分商业银行还在就"如何开展小微金融战略"摇旗呐喊时，浏阳农商银行却一直坚守小微，从未走远。如此，几十年如一日的真诚和用心换来的，是浏阳农商银行越织越牢的基础客户金字塔结构。2021年底，浏阳农商银行为全市31余万农户、3.2万户商户、7000余家小微企业建立了信用档案，户均贷款余额为30.6万元。

小客户"真香"也取决于浏阳农商银行自身的定位。多位浏阳农商银行高管在访谈中都曾提及这样一个观点：大客户与农商银行门不当户不对，两者之间存在较大不同，他们形象地将其比喻为"衣食住行"上的差异：

“衣”：大客户喜欢“西装笔挺”地谈生意，与农商银行“接地气”的气质不太相符，就算硬挖过来，也很难留得住。

“食”：大客户一般来说“胃口更大”，对于贷款额度需求很高。农商银行如果全额满足其贷款需求，势必违背了自身“做小”的定位；如果不能满足其贷款额度，又可能造成大客户流失。

“住”：大客户有时喜欢讲究“排场”，再加之其一般处于买方市场，手中握有一定的主导权，贷款的议价能力相对比较强势。

“行”：大客户比较喜欢走“专属车道”，更青睐于私密性强、高增值的私人银行服务，而与大型股份制商业银行相比，农商银行在这方面存在着差距和短板，更容易被大客户诟病。

李寿树分析说：“站在什么山头唱什么歌，浏阳农商银行本就是一家‘土银行’，就别总想着与大企业打交道。”在浏阳农商银行，对待小额贷款客户从不设门槛，力争做到“应授信尽授信”，而对大额贷款客户则严格准入，始终坚持“支农、支小、支微”的原则，从不奢望“一口气吃成个大胖子”。

## 第二节 “小额存款”大有可为

金字塔式的客户结构为浏阳农商银行存款业务开展打下了坚实基础，使得存款结构呈现“量大、面广、户均低”的特点。“量大”指的是存款总量较大，浏阳农商银行成为湖南首家存款规模突破400亿元的县级农商银行，其储蓄存款占全市19家银行机构储蓄存款总额的51%。“面广”指的是存款客户覆盖面广，共有客户数145万户，其中个人客户达143万户，全市93%的农户、85%的商户、78%的小微企业都在浏阳农商银行开户。“户均低”指的是存款户均余额低，存款户均余额为2.79万元。

作为浏阳农商银行“四小”理念之一，“小额存款最稳定”的理念不但在这家农商银行内部影响深远，也逐步被外界所熟知。在浏阳农商银行看来，小额存款之所以最稳定，主要有以下三个方面的原因：

其一，小额存款留得住。小额存款的储户绝大部分是个人客户，营销门槛不高，议价能力也相对较低。而浏阳农商银行深耕本土几十年，深受当地群众百姓的信赖。因此，在产品、服务同质化的情况下，浏阳农商银行能够通过自身的“熟人”优势，形成差异化竞争力，赢得客户青睐。同时，对于大额存款来说，其营销的难度、成本都相对较高，农商银行很难在竞争中占据优势地位。

其二，小额存款流失小。大额存款中往往财政性存款占比较高，这类存款受政策性影响较大，容易呈现较大的波动。与之不同的是，小额存款余额更依赖于有效存款客户量，往往有效存款客户量越高，小额存款的规模就越大，稳定性也就越高。

其三，小额存款潜力大。在小额存款营销过程中，农商银行需要与海量的客户打交道，有着广阔的潜在市场。农商银行员工可以同时开展“存、贷、汇、理财”等业务营销，提供“一站式”金融服务。随着客户与农商银行关联度的不断提升，客户黏性将会相应增强，也使客户不愿意轻易转移存款。

这里特别提及一下浏阳农商银行的财政性存款占比。2021年底，浏阳农商银行财政性存款为14.9亿元，仅占各项存款余额的3.7%。一直以来，财政性存款在浏阳农商银行存款余额中所占的比重都处于较低水平。财政性存款占比较低，并不意味着浏阳农商银行与政府的关系不够密切，而是由于财政性存款受政策性影响较大，反映到数据上往往是大进大出，造成较大波动。

2016年，浏阳农商银行关口支行与浏阳人社局开展战略合作，研发上线五险征缴系统，实现双方业务的深度对接。当时，浏阳市的社保缴费等资金全部涌入关口支行，仅人社局账户的存款最高峰就达到了4亿元，日均存款余额更是在3亿元以上。然而好景不长，2018年7月13日，湖南省财政厅出台《湖南省省级财政专户资金定期存放管理实施办法》，规定省级财政专户资金由省财政部门统一管理，通过公开招投标方式，确定资金存放银行。至此，社保资金纳入“省管”时代。

在省级财政层面，浏阳农商银行无论是从议价能力，还是金融服务水平上都与国有商业银行、股份制商业银行存在较大差距，甚至连获得招投标的“入场券”都很难。当省财政厅文件发布后不久，关口支行在半年之内被划转走社保资金共计3.5亿元，经历了一次无可奈何的“阵痛”。正如一位支行行长所说，对财政性存款又爱又恨，爱的时候爱不释手，恨的时候捶胸顿足。浏阳农商银行将工作重心放在“小额存款”组织上，好处自然是明显的。近三年来，浏阳农商银行个人储蓄存款增长量占总增长量的107.5%。可以说，存款增长主要不是靠财政大户，而是通过做实“小额存款”，形成了资金“洼地效应”。

2021年，浏阳农商银行个人及单位活期存款占比41%，存款付息率低于湖南农信系统平均存款付息率。从上述数据可以看到，浏阳农商银行不但稳住了存款规模，还稳住了资金成本。在“小额存款”的白热化竞争中，浏阳农商银行没有大打“价格战”，粗暴地提高揽储成本，而是通过“一抓四盯三不准”的方式，算好了自身的存款“成本账”，提升了经营效益。

“一抓”是抓好一个存款组织的工作重心，即“做大客户数，少做大客户”，以客户数取胜，而不过分依赖大客户。

“四盯”分别是盯住账户结构，通过全面评级授信、畅通代收代付渠道，发展电子银行业务，提供生活缴费、银医服务、餐饮酒店、商超购物等场景化金融服务，巩固拓展零售客群，降低客户利率敏感度，拓宽低成本资金的归行渠道。

盯住定活存款占比，按季通报各支行存款付息率，强化支行核算意识，关注成本管控，指导客户配置存期产品。

盯住付息成本，综合考虑市场竞争与成本控制，适时调低两年期以上存款利率，严控大额存单、协议存款规模，实行大额存单审批制，特别是严格控制大额存单增量。

盯住绩效考核，坚持“支行增收靠增效”的绩效考核导向，自2007年开始就将支行经济利润纳入绩效考核，实施内部资金转移定价，引导支行算好收入支出账与质量效益账。

“三不准”是不准虚假增加存款、不准高成本违规揽储、不准在执行利率标准外违规付息，进一步提升了资金组织的规范性。

“小额存款”是不是最稳定？数据最有说服力。2021年，浏阳农商银行户均5万元以内的小额存款客户占比达到88%，存款偏离度保持1%左右。

## 第三节　用好漏斗思维

万里长城非一日之功，客户金字塔也绝不是从塔尖建起的。与基础客户金字塔呈现的“正三角”相反，浏阳农商银行认为，信贷客户培育要呈现“倒三角”的“漏斗模型”，更具体的描述就是通过小微客户的评级授信全覆盖，导入海量的客户流量，再利用市场这只看不见的手进行双向筛选，最终得到符合自身“气质”的客户金字塔。为此，浏阳农商银行提出了“塔基做实、塔身做强、塔尖做靓”的口号，构建良性的客户准入、退出机制，确保信贷资产质量稳定。

一个漏斗好不好用，往往取决于中间的网筛。说得形象一点，“小额贷款最安全”的理念就是漏斗模型的最好“网筛”。2007年，浏阳农商银行明确提出“1000万元以上的新贷款客户原则上不接纳、600万元以上的存量贷款客户授信原则上不增加、300万元以内的优质贷款客户不让市场”的“三不原则”，更为直观地指导全行上下如何专注做小微客户。

这句话放到现在来看，可能在表述上过于苛刻，甚至近乎死板，但不乏其存在的道理。由于企业经营风险有一定的隐蔽性、滞后性，客户经理单纯依靠走访调查并不能完全判断出企业的隐性风险。同时，农商银行底子单薄，根本承受不住大额不良贷款的冲击，因此要靠控制贷款余额的方式来强化信贷风险防控。浏阳农商银行历史上发生过的这个大客户案例很能说明问题：

浏阳某大型建工集团公司组建于2007年3月，其前身为20世纪60年代初的集体所有制企业浏阳县某乡镇建筑工程队。后经多次体制改革，该企业成长为浏阳市建筑行业的龙头企业，曾为长沙市建筑企业二十强之一，具有房屋建筑工程总承包一级资质。

在成立之初，该建工公司就一直在浏阳农商银行开户往来，靠着自身的实干拼搏，逐步在业界获得良好的口碑，并成为浏阳市本土的知名建筑企业。2009年，该企业年产值就达到了3亿元。

按照常理，这样的企业是每个银行梦寐以求的优质客户，绝不可能与其分道扬镳，但是浏阳农商银行却反其道而行之，不仅坚决与之“分手”，还“分”得很彻底。作为事件的亲身经历者之一，时任浏阳农商银行营业部主任张常荣深有感触。

2010年9月的一天，张常荣接到一个电话，在电话里该建工公司主要负责人表达了想要增加贷款授信的意愿。但是，由于“三不原则”，该建工公司的贷款额度已经不能再增加，于是张常荣委婉地拒绝了其增加授信的要求。在后来与其几番沟通中，张常荣也始终不愿意松口。为此，该建工公司还直接找到了浏阳农商银行的行领导，并宣称不增加贷款授信就走人。

一边是多年来的合作伙伴，另一边是信贷审批的原则，孰轻孰重？对于浏阳农商银行来说，答案是原则更重要。在尽力做好客户安抚疏导工作的同时，浏阳农商银行作出了不增加授信的决策。

“负气”后的该建工公司将全部信贷业务转到了浏阳市某大型商业银行，不仅在这家商业银行借款6000万元，还在其他几家商业银行分别借有1000万~2000万元不等的贷款。大量流动资金的涌入，使得该建工公司更加热衷于快速扩张，涉足多地的房地产项目。然而，盲目的超速发展，为该建工公司埋下了隐患，多线作战的后果就是企业的现金流开始捉襟见肘，为了填补流动资金的缺口，该建工公司将手伸向了民间资本，企图通过民间融资翻身。

民间融资却成为压倒该建工公司的关键因素。2014年初，苦于民间融资利息的滚雪球效应，该建工公司又找到了浏阳农商银行，想用苗圃的花木抵押借款，被婉拒后又提出拿当时评估价值达2.3亿元的待开发房产出让土地来进行抵押，但浏阳农商银行依然坚持“三不原则”，始终没有再介入。

2014年底，该建工公司因银行贷款到期而发生资金链断裂，从而引发信用危机，上百名债主挤破其总部大门，要求兑付民间融资。2015年，该建工公司宣告破产清算，因其牵涉巨额民间融资，造成了较大的社会不良影响。几家参与融资的商业银行即使手上抓有抵押品，也遭受了较大的本金和利息损失，而这件掀起浏阳市金融市场巨大波澜的事件，却没有给浏阳农商银行造成任何损失。

在“三不原则”实行之初，部分客户经理认为这是不懂变通的“死规矩”，不利于浏阳农商银行的业务发展。然而从现实来看，这种近乎不近人情的“一刀切”规定，却让浏阳农商银行免去了大额不良贷款风险的后顾之忧，也使得客户经理更加专注于小微。因此，“三不原则”可以理解为一种潜移默化的思想引领，实质上是浏阳农商银行给自己戴上的“紧箍咒”，时刻提醒所有员工不要忘记来时“做小”的道路。

在浏阳农商银行的经营管理中，人永远是第一要素；“三不原则”的建立使得浏阳农商银行每位员工的心中都有着一条信贷风险防控的准则，这是一种“做小”文化的培育与熏陶。

## 第四节 客户是立行之本

回顾浏阳农商银行的发展历程可以发现，先后历经了从存款立行、资产立行，再到客户立行的三次重大转变。在浏阳农商银行看来，所有的“存款立行”“资产立行”，其本质上是“客户立行”，有客户流量的注入，自然就有了存款、贷款等业务的商机。

“客户立行”是一个涉及范围甚广的课题。但有一点可以肯定的是，在这个“流量为王”的时代，客户对于支付结算的便捷需求高涨，电子银行业务成为各大商业银行、互联网金融公司抢占基础客户的“必争之地”。

正是出于对未来金融发展的展望，浏阳农商银行将电子银行业务定位成“客户立行”的根基，并为之投入了大量精力。

提及浏阳农商银行的电子银行业务，就不得不说到手机银行。浏阳农商银行手机银行的上线时间并非最早。2013年12月，浏阳农商银行正式上线手机银行App，此时的浏阳农商银行属于“后进场”的选手，相比浏阳市的其他商业银行还有很大差距。

按照以往的传统思维，每当出现新的业务，农商银行最常用的方法就是扫街、扫村、扫户，利用人海战术，短时间内做大客户数量。但是在手机银行推广过程中，浏阳农商银行选择了一种“以慢打快”的战术，要求手机银行营销必须遵循“成熟一户、发展一户、使用一户”的原则。

这是由于手机银行产品同质化比较严重，再加之手机银行操作相对于微信、支付宝稍显繁杂，学习成本较高，客户往往开得多、用得少。为了培养客户使用自家手机银行的习惯，浏阳农商银行成为湖南农信系统第一家将手机银行有效使用户纳入员工绩效考核的农商银行。彼时湖南农信系统对于手机银行的考核主要是关注开户数。

在“客户立行”思维的驱动下，浏阳农商银行走了一条不同的道路，将工作的重心放在了客户转化率上，让员工清醒地认识到一个简单的道理——手机银行开了不用等于没开。在手机银行业务开办的第二年，也就是从2014年起，浏阳农商银行在电子银行业务考核计酬办法中规定，手机银行考核按照年均交易量5笔以上的有效户数计酬。通过考核引导的方式，每位员工都亲自上阵，手把手地教会客户如何使用手机银行，并常态跟踪手机银行“不动户”，让沉睡的手机银行动了起来，实现了手机银行的“开户即用”。

2015年，全国人民熟知的春晚第一次引入新媒体互动渠道，也是在这一年，微信用“摇一摇”的微信红包，在春晚“摇”走了大量商业银行积累了几十年的基础客户。据微信官方数据显示，除夕当晚参与摇红包活动的总人数达到110亿人次，共摇了155亿次红包，互动峰值达到了8.1亿人次/每分钟。

面对微信支付的来势汹汹，2016年，浏阳农商银行组织开展了为期6个月的“开通手机银行、拿好礼、抽大奖”专项营销活动，以“现场抽奖+业务宣传+文艺节目”的形式，分区组织了4场大规模的手机银行抽奖晚会，并规定抽奖范围是当月交易笔数10笔以上的手机银行活跃户。此活动一经推出，立刻在浏阳市民中掀起了一股手机银行潮流，不但激发了客户开办手机银行的热情，更潜移默化地培育了客户的使用习惯。当年，浏阳农商银行手机银行新增开户数完成全年任务的185.23%，其中有效户占比70.12%，手机银行全年交易量更是较上年度暴增100多万笔。

如今，浏阳农商银行借助互联网技术，又新上线了手机银行营销小程序，以微信二维码的形式，实现手机银行的精准营销、实时统计、报表分析等功能。

值得一提的是，在实践过程中，浏阳农商银行这种“以慢打快”的战术，反而显现出后来居上的韧劲。截至2021年底，浏阳农商银行累计营销手机银行34.8万户，其中有效户数31.4万户，占比90.3%，均居浏阳市银行系统首位，其中手机银行交易量排名湖南农信系统第一位。

互联网思维的关键在共享。互联网的飞速发展，使得越来越多的行业打破了封闭壁垒，走上了“互联网+”的道路。互联网的迅猛发展对中国银行业发展产生了深远的影响，也使浏阳农商银行逐渐意识到，画地为牢、故步自封意味着错失市场机遇，出圈、破圈才能更加美好。

传统商业银行偏好打造自己的支付闭环，具有很强的排他性。然而互联网银行更加注重开放、共享，由此衍生出来的跨界合作、场景化营销等模式，为其带来了巨大的客户流量。正是基于“出圈引流”的目的，2017年浏阳农商银行与第三方互联网公司合作，推出了口袋零钱业务，以移动支付为切入点，打造本地银行、商户、用户三位一体的本地化移动生活金融服务平台，为本地商户提供移动支付收银系统、会员管理和营销系统、商户融资理财等全方位解决方案。

口袋零钱“一码多付、归集到账、提现费用减免”的产品优势，以及后续跟进的商户收银台改造工程，使得本土商家更加青睐于该产品。浏阳农商银行也因此在全市同业中牢牢占据先机，迅速抢占了市域的移动支付市场。2021年底，浏阳农商银行口袋零钱商户达2.7万户，全年交易笔数近4000万笔，交易金额达55亿元，吸收各类低成本资金11亿元。

在完成本土商户市场的布局之后，浏阳农商银行以口袋零钱为媒介，开启了行业渗透和应用。目前，已经成功打造了“口袋零钱+学校”“口袋零钱+医院”“口袋零钱+公交”等智慧城市的支付生态链，全市96%的学校、100%的乡镇医院和2所市级医院、100%的城乡公交均在使用浏阳农商银行的移动支付渠道。

跟着客户流量走，才有机会留住客户。浏阳农商银行在推广自家的口袋零钱、农信通、其他收单POS、ETC等业务的同时，开始分阶段将微信、支付宝、云闪付等第三方支付账户的绑卡量纳入季度竞赛及年度考核。2021年底，电子银行替代率达96%，第三方支付绑卡量达111万张。

对于短跑来说，起跑很重要，但对于马拉松长跑，跑步的节奏更加重要。浏阳农商银行这位“后进场”的选手，以“客户立行”为根本，专注于服务小微客户，打造了独具浏阳特色的电子银行业务品牌。2021年底，浏阳农商银行的电子银行业务总交易量突破1亿笔大关，达到历史新高，第三方支付交易量、手机银行交易量、自助银行交易量、条码支付交易量等指标继续领跑湖南农信系统。

# 第七章　浏阳人民自己的银行

— 大山深处的富民产业

— 农房抵押先行先试

— 成为大众的选择

## 第一节 大山深处的富民产业

从浏阳市区沿着浏东公路驱车行驶约70公里，便可来到有着“千年长旱不断流，万年连雨水碧青”美誉的浏阳市大围山国家森林公园。大围山位于湘赣边界，地处连云山脉的腹地，是湘东第一高峰，也是浏阳人母亲河——浏阳河的发源地。

每当谈及浏阳农商银行“四小”理念中的“小额业务最亲民”，身处浏阳大围山的果农们有着发自内心的感慨。20年前，浏阳农商银行在这片人迹罕至的大山深处，与当地的农户一道，培育出了一个驰名全国的水果产业。

2000年以前，楚东村是典型的山区村庄，道路交通不发达，村上也没有支柱产业，全村居民不是靠种田为生就是外出打工。2001年，刘文当选为楚东村村支书。上任之后，他就琢磨着如何带领村民脱贫致富。由于大围山是典型的板页岩山地丘陵地貌，为亚热带季风气候，光照充足、昼夜温差大，刘文经过深思熟虑，萌生出了搞水果种植产业的想法。

在听到刘文的想法后，时任大围山信用社主任何无含表现出了极大的兴趣与热情。他深知一个地方经济要发展，必须要有相应的产业支撑，而大围山地处穷乡僻壤，如果能培育出好的产业，促进地方经济发展，反过来也会促进信用社的发展。

那时，何无含、刘文都是30岁刚出头的小伙子，两个“同龄人”就此一拍即合。然而，要从零开始培育一个产业谈何容易，特别对于水果产业来说，本身就有周期较长、见效慢、风险大的特点。起初，楚东村村民都不看好水果产业发展，刘文与何无含为此承受了巨大的外界压力。当时，借钱去折腾产业，这对于居住在大山深处的村民们来说，是很难理解的，有些村民认为他们在牟取私利，有些村民认为他们在瞎胡闹，甚至还在公开场合对他们进行嘲讽。

面对村民们“浇冷水”，刘文与何无含反而燃起了更高的斗志。两人决定既分工又合作，刘文前往全国各地，考察选育优质的桃树种苗；何无含组织开展评级授信工作，发放农户小额信用贷款，为产业推广提供资金支持。为了扭转乡亲们的思想，楚东村村委多次召开水果产业发展动员会议，刘文、何无含拿出“把牙齿磨平”的觉悟，逢会必讲、逢人必说，从品种选择、技术支持、产业规划、信贷政策等方面，为村民们答疑解惑，逐步打消了楚东村村民的顾虑。动员会议结束后，仅第一期加入水果种植的村民就有130多户，占当时楚东村常住人口的近30%。经过两年的努力，到了2003年，楚东村鲜桃产业发展初见成效，再加上“大围山桃花节”的顺利召开，果农积极性高涨，大围山政府看到了水果产业的发展潜力，并出台了相应的扶持政策。从此，大围山水果产业发展步入正轨。

楚东村村民吴伏平与浏阳农商银行打交道已经有近20个年头，在浏阳农商银行的帮助下，他不仅种植了100多亩梨、桃，逐渐成长为当地种植能手和大户，还牵头成立了大围山水果科技协会，积极推广套袋栽培、无公害施肥等新技术，助力提升大围山水果品质。

吴伏平绝非个例。据统计，自2001年以来，浏阳农商银行累计向大围山水果产业投放贷款超5亿元，九成以上果农的果苗、肥料购置都是由浏阳农商银行提供信贷支持。

在浏阳农商银行的帮助下，大围山镇的果农们对辖内35家水果种植合作社进行了整合，联合创建了大围山湘东水果合作社，统一了品牌、包装、生产标准，逐渐形成了以桃、李、梨为主的“小水果”产业。2018年，“大围山梨”还获得农业农村部的授牌，成为湖南首个国家级农产品地理标志示范样板。后来大围山水果又引入“直播带货”等模式，开展了多场“村播带货”专场培训，拓宽了线上营销渠道。第一批的直播试水者们，在一次短短2小时的直播中就吸引了5万人在线观看，成交2000多个订单，销售额达到了15万元。水果还挂在树上就已经被客户线上订走了。目前，大围山全镇共发展水果种植户2000多户，建成特色果园和标准化基地25个，每年接待赏花、采果游客20万人以上，带动“农家乐”餐饮店100余家，并进一步推动了大围山旅游产业发展。水果文化旅游节期间，采摘水果、峡谷漂流、中岳踩溪、游白沙古镇、品“围山八蒸、住特色民宿”等文旅活动吸引了大批游客前来大围山，使其感受到了大围山的独特魅力。2021年实现水果直接产值达8000万元以上，间接的经济效益和社会效益更是无法计量。

产业就在家门口，也让大围山的脱贫攻坚工作变得更加顺畅。可以说，大围山镇所有建档立卡贫困户全部脱贫，家门口的水果产业发挥了巨大的作用。如今，针对未来大围山水果产业所面临的机遇与挑战，浏阳农商银行也在通过信贷资金引导的方式，助力产业向精细管理、技术创新、线上销售、品牌建设等方面转型，不断提升大围山水果的竞争力。

每年三四月，盛开在大围山镇的万亩桃花林红艳似火，像极了果农们幸福美好的生活。“小贷款”与“小水果”的“甜蜜碰撞”，让大围山水果产业从无到有，给原本的穷山沟换了新面貌。

## 第二节　农房抵押先行先试

“我们浏阳的企业用位于乡镇集体土地的厂房和房产做抵押就可以在浏阳农商银行借到贷款，浏阳农商银行对本土企业特别是花炮企业的支持功不可没。”这是在2021年10月20日召开的浏阳市政协第十一届委员会第一次会议中，市政府主要领导在分组讨论期间说的一段话。

长期以来，农民抵押贷款难一直是全国性的难题，浏阳同样也存在这一问题。农民贷款难，很大程度上是因为抵押担保难，一方面农民缺少有效的可供抵押物；另一方面金融机构为防范风险，在贷款发放上又不得不注重抵押担保，农户贷款难因此成为制约浏阳农村发展、农业增收、农民脱贫的最大瓶颈。

20世纪90年代，浏阳农商银行吸取粗放经营的深刻教训，坚持审慎经营原则，当时明确规定1万元以上贷款必须办理抵押或提供保证。在这种情况下，除少数拥有集镇国有土地房产的农户能够以房产抵押获得较高额度贷款外，绝大部分农民在无人担保的情况下，只能望贷兴叹。

在这种情况下，浏阳农商银行一直在思考还能做些什么来有效破解农民抵押贷款难题。经过调查发现，作为浏阳主导产业，花炮产业步入第一轮调整期，行业整合、产业转型催生了大量的信贷融资需求。然而，花炮企业厂房多处于荒山野岭，缺乏有效抵押担保，加之农村合作基金会强化了资金清理，花炮企业普遍面临贷款艰难的问题，形势异常严峻。房屋、厂房是农民、企业主最值钱的“资产”，用农房抵押贷款，获得资金支持，成为广大农民和花炮企业主的迫切期盼。

但是，找到“农房”这一切入点还远远不够。农村金融创新必须考虑银行自身的信用风险。对此，浏阳农商银行又对当时浏阳整体的信贷环境进行评估，以此来确定如何推出“农房抵押”这一创新产品。20世纪90年代中期，随着浏阳农村市场经济体系逐步建立，乡镇企业异军突起，私营企业、个体工商户如雨后春笋般迅速发展，农村经济得到了长足进步，农民收入稳步增长，农民借款的底气足了。在这样的金融环境下，一切借贷行为都以信用为基础，农户讲诚信、守信用，为有效规避农房抵押贷款的信用风险提供了根本保障。农户房产抵押之后，无须担心还贷风险，反而可以无形中为农户有效利用贷款获取收益、保证还本付息起到督促作用。

敢做“第一个吃螃蟹的人”。1998年，浏阳农商银行开始积极与政府房管、司法部门协调，大胆探索以农房产权作为贷款抵押的路子。经过20余年的实践检验，现在农房抵押贷款已经相当成熟，符合条件的农民可以通过农房抵押快速获得贷款。

由于“农房”的特殊性质，“农房抵押”不仅涉及银行自身业务开展，还必须由相关的政府部门给予政策支持。在20世纪90年代就能做出如此创新之举，浏阳农商银行靠的不仅是自身的魄力，还离不开当地政府的支持。

自“农房抵押”贷款推出开始，浏阳市委、市政府就全力配合支持这项服务“三农”的创新工作。1995年，浏阳市委、市政府在各乡镇成立房产管理所（后更名为乡镇房产管理办），作为市房屋产权管理局的二级单位，负责乡镇房屋产权产籍登记发证、产权过户、抵押登记等工作。

根据政府安排部署，浏阳市房产局、乡镇房管所组织对集体土地上房屋进行确权颁证，并逐步开展抵押物登记服务。作为贷款主体，浏阳农商银行积极响应，主动对接，与浏阳市房产局联合下发了《关于做好房地产抵押贷款和担保工作的通知》，制定农房抵押贷款业务操作细则、管理办法，全力推进农房抵押贷款业务。

此后，随着“农房抵押”贷款在浏阳的实践，更多的相关政策相继出台，规范农房抵押贷款业务操作。2009年浏阳市政府印发《浏阳市农村房屋抵押贷款暂行办法》，2013年又对暂行办法进行修订完善，下发了《浏阳市集体土地上房屋抵押贷款办法》，为农房抵押贷款搭建了稳固平台，推动农房抵押贷款业务有序健康开展。有了对产品目标客户的深入调查，对产品推出环境的全面分析和地方政府的全力支持，1998年，浏阳农商银行“农房抵押”贷款一经推出就受到了农村市场主体的欢迎。

同样地，一个全新农村金融产品的运行，必须有全流程的管理机制来保证产品的正常运营。对此，浏阳农商银行从四个环节入手精准运行“农房抵押”产品。

一是规定抵押物范围。主要包括农户宅基地上的房产，城镇（集镇）集体土地上的农民商住房，集体土地上的企业厂房及办公用房。二是规范贷款流程。由借款人获得农房产权证，向农商银行提出贷款申请，双方实地确认房产价值，由村委会提供同意集体土地上房屋抵押登记的证明后，再签订抵押合同，到房管部门进行房屋抵押权登记，最后进行贷款发放。三是评估房产价值。借贷双方协商评估，不收取任何费用，降低客户融资成本。评估价格主要参考房产面积、建筑成本、同一区位房产的价值、租金等因素。四是确定贷款额度。参考抵押物的市场价值、变现能力等，确定贷款抵押率。借款户可在授信金额之内，实现“随到随贷、余额控制、周转使用”。

每一个银行产品的运营都必然要承担相应的风险。对于农房抵押贷款，很多大型商业银行一直保持敬而远之的态度。他们认为，农房抵押贷款存在着“硬伤”，主要反映在以下三个方面：

其一，抵押物有瑕疵。我国法律规定，农房不具有法律意义上的产权，不能用作抵押。尽管浏阳市政府对农房颁发了产权证，但由于土地还是集体所有，就出现了房、地分离的状况。因此，这种产权是不完整的，其保障作用也就大打折扣了。

其二，法律制度不完善。目前国家《物权法》《不动产登记暂行条例》等法律法规虽然对开展农房产权登记工作提出了指导性意见，但在具体工作实践中，因过于概念化，很难进行操作。

其三，处置变现难度大。一旦发生贷款不能偿还的情况，在处理抵押房产时，也存在很多具体问题。比如，按规定，集体土地上房屋只能在本村组内转让，由于村组内都是熟人，碍于情面，一般别人不会去接手。

对于这些“硬伤”，并非是浏阳农商银行自己认识不到，之所以开办“农房抵押”贷款业务是基于扎根本土、服务“三农”的责任使然。作为一项全新、充满争议的业务，开办之初，对于其风险谁都不敢打包票。但是，如果因为银行不愿担当、不敢担当，而让浏阳农民痛失了发展的机遇，这不仅有愧于浏阳的父老乡亲，更与农商银行服务“三农”的理念相违背。

1998年，浏阳农商银行在全国首创“农房抵押贷款”，23年来，累计发放农房抵押贷款超过400亿元，撬动至少1800亿元的农村产业发展资金。

2021年底，浏阳农商银行农房抵押贷款余额达35余亿元，占全市比重的99%。2020年以来，中央农办、农业农村部正式启动的新一轮农村宅基地制度改革试点工作中，浏阳再度入选试点地区，迎来了又一波改革红利。浏阳市政府围绕“打造一个平台，完善两项制度，健全两大机制，探索六种模式”的思路，正逐步迈入农村宅基地改革的深水区，也势必深化与浏阳农商银行的战略合作，激发出更加澎湃的发展动能。

## 第三节　成为大众的选择

家住浏阳三口乡（现古港镇）的张恒，至今仍记得浏阳农商银行的“吴会计”。吴会计在浏阳农商银行工作有二十几年了，为人和善，做事细致认真，深受村民的信赖，许多村民遇到金融方面的问题时都喜欢找她商量。

张恒依稀记得在2008年夏天，当时正值端午节前，父亲收到了一笔花炮货款，急着给十几个员工发工资。于是，他立马带着张恒赶到了农商银行网点，找到了吴会计，想请她帮忙取一笔30万元的现金。在了解到张家父子的来意后，吴会计说道：“现在发工资不用取现金了，可以委托银行进行代收代付，方便又省心；再说，大额现金支取需要提前预约，就算钱取出来了，你们拿着那么多现金也不安全。”

“吴会计你怎么连这点小忙都不肯帮，今天取不到现金，大不了明天我再跑一趟。”张恒父亲略带怒气地说。

可张恒觉得吴会计说的有道理，于是他开始劝说父亲。“大伯和姑妈的银行卡号我这里都有，不如今天先转账给他们，试试看好不好用。实在不行，我们明天再来取现金。”张恒提议道。张恒父亲看到儿子竟然“站在”了吴会计那一边，也不好再说什么，只得无奈地同意了。

时隔多年，当张恒再回忆起这段往事时，仍旧忍俊不禁。张恒说：“后来，父亲还曾‘抱怨’，怎么不早跟他开通代收代付业务，枉费他之前提着现金跑上跑下，浪费了好多力气。”

前文故事中提到的“代收代付”业务，在浏阳农商银行最早可以追溯到二十世纪七八十年代，当时乡财政、教育办等部门的工资，民政部门的双定补助以及粮站付粮款、食品站付牲猪款等均由信用社代付。

2000年前后，浏阳农信联社陆续与税务、林业、烟草、水电、教育等部门达成合作关系，代收代付业务迎来了一波高速增长期。2004年，浏阳农信联社争取到了市财政部门的支持，负责代发全市粮食直补等涉农补贴，覆盖浏阳40余万户家庭。有了前期对接的经验，以及良好的口碑，从此之后，浏阳农商银行一路高歌猛进，又继续承担了城市低保、城乡居民养老金、困难学生补助等项目，成为浏阳市代收代付业务领域的绝对“霸主”。

其实仔细分析后不难发现，浏阳农商银行代收代付业务的发展正好抓住了市场的“空窗期”。2000年初，此时中国的互联网金融尚处于萌芽状态，在那个移动支付还不发达的年代，大多数群众的支付结算更多的是依赖银行的物理网点，这就使得农商银行网点多、服务半径广的地缘优势更加凸显，形成了市场竞争中的天然优势。

李寿树分析说：“当时群众的支付结算习惯比较传统，我们就将物理网点的优势发挥到了极致，成了政府、企业代收代付业务的首选银行，让其他银行想做也做不了。”他也感叹道，市场机遇稍纵即逝，如果处于现在移动支付成为主流的环境下，银行物理网点的承接功能相对弱化，其他银行依托线上渠道展开竞争，浏阳农商银行的代收代付业务发展肯定要付出更大的代价，效果也不一定很好。

这可以说成是对市场机遇的把握，其实也是一种坚守初心的回报。在浏阳银行业，对于代收代付业务，一直流传着“三争三不争”的说法，“三争”指的是争拆迁款代发、争教师工资代发、争公务员工资代发，“三不争”指的是不争低保户业务、不争城乡居民养老保险业务、不争种粮补贴业务。这是由于前三种业务受众群体属于社会精英群体，有业务拓展性，而后三种业务的附加价值不高，客户群体大多为老年人或低收入人群，比较偏好办理现金业务，挤占了银行的柜台资源，可能会影响到高附加值客户的服务体验，有些商业银行更是将这种类型的业务形容为鸡肋。

然而，真正的普惠金融是不会戴有色眼镜看人的，浏阳农商银行也不是一个“势利眼”。浏阳农商银行不仅主动承担了“三不争”的业务，还将惠农补贴代发项目扩大到了25个种类。可在当时，这个深谙普惠金融理念的决策，却在浏阳农商银行内部引起了一定的争议。特别是针对低收入人群的代收代付业务，使柜台现金业务量激增，让许多柜员工作负担加重。在2013年，浏阳农商银行柜面业务量达到了历史顶峰，全年柜面业务总量达到了近1500万笔，节假日单个柜员业务量更是达到400~500笔之多。

浏阳农商银行作为县域金融机构，服务着为数众多的农村客户和中老年客户。每月25日是浏阳城乡居民养老金集中发放的时间，也是浏阳农商银行各网点每月业务的最高峰。在春节等传统节日期间，排队办理现金业务的客户甚至会排到营业厅门口。浏阳域内的一些同业竞争对手调侃道：“浏阳农商银行真是一家‘乡里乡气’的银行。”

面对外界的质疑与压力，浏阳农商银行制定了“近水解近渴，远水解远渴”的策略：一方面在全行设置弹性窗口，根据客户流量随时增设柜台，保证服务质量；另一方面，举全行之力推广手机银行、自助柜员机等电子银行业务，培养客户线上转账的习惯，缓解柜台业务压力。实践证明，浏阳农商银行顶住了压力，最终留住了客户。随着手机银行逐步推广，电子银行替代率的不断提升，柜台业务压力逐年降低，服务质量不断增强，客户体验度也随之提升。

浏阳农商银行成为大众的选择是一个漫长的过程。与互联网企业凭借社交、共享等属性叠加来实现用户数的指数式增长不同，浏阳农商银行的客户积累却是“慢工出细活”的产物。单单只说“代收代付”业务的推广，浏阳农商银行就耗费了大量的物力和心血，历经了数十年的漫长探索，才最终拥有了稳定而庞大的客群基础。

如今，为了巩固和拓展“大众银行”的优势地位，浏阳农商银行通过运用统计分析模型、大数据加工处理实现客户精准画像，推行客户分层、分类管理，实行“行领导联战略客户，中层正职联重点客户，基层员工联基础客户”的拜访机制，根据客户存款、贷款、签约业务等贡献度构建客户评价模型，将客户分为个人客户和对公客户两大类，每个大类从低到高共设置五个等级，明确规定了每年拜访客户次数及维护方式，提供包括健康体检、客户答谢、积分兑换、知识讲座、企业家俱乐部等在内的差异化特色服务，不断提升客户黏性，实现社交裂变营销，让客户成为浏阳农商银行的“忠实粉丝”。据统计，2021年底，浏阳农商银行基础客户数量逐年增长，较2000年增长56.8万户。在浏阳范围内，90%的本土家庭与浏阳农商银行建立了业务往来。

# 第三篇 ▸

# “融”才有深度

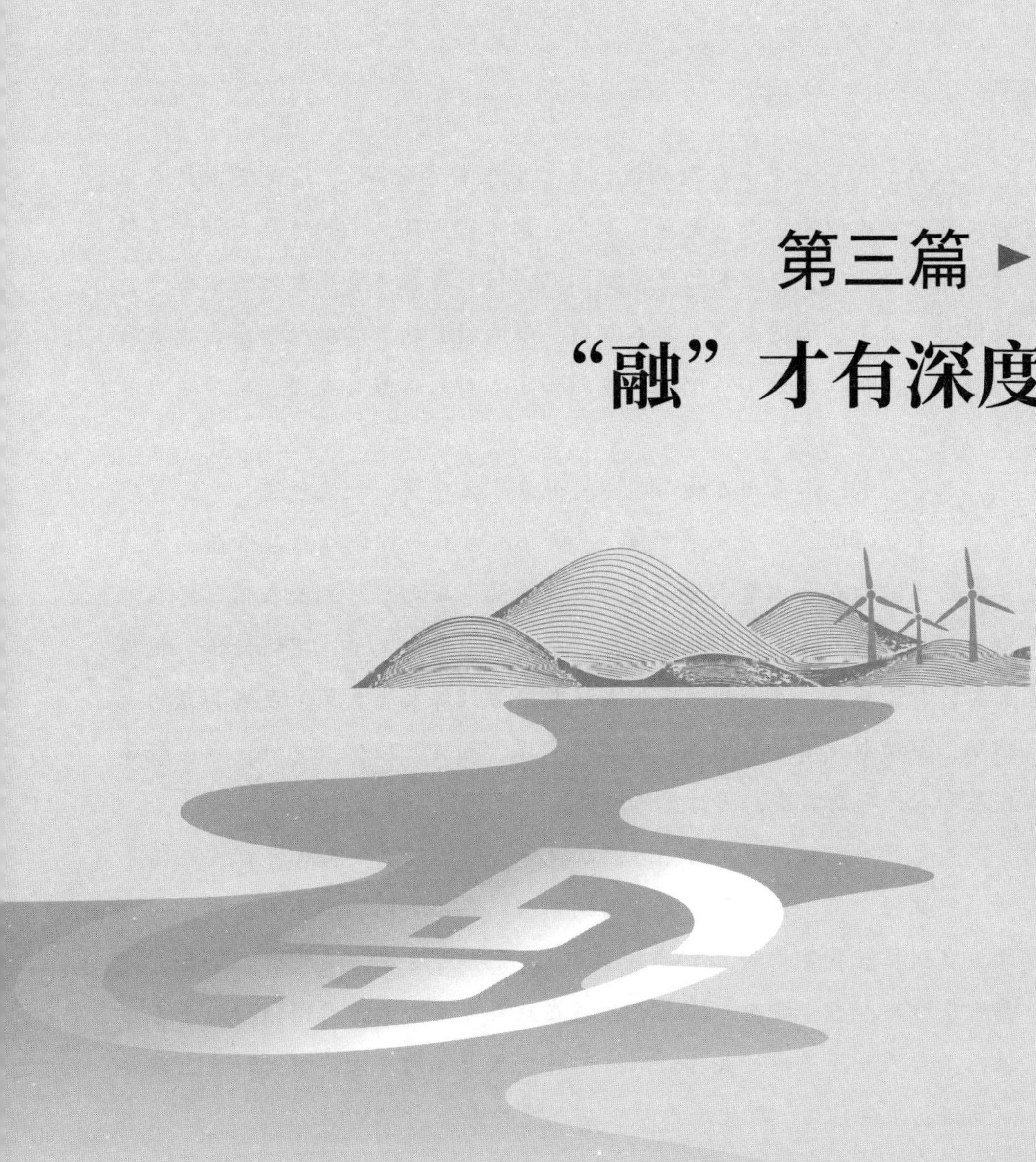

党的十八届三中全会明确提出要“发展普惠金融”。这是党中央在正式文件中首次使用“普惠金融”概念，意味着更高水平的普惠金融体系将开始逐步推行。值得注意的是，浏阳农商银行在推进普惠金融的过程中，凭借融洽员工、融通客户、融入环境、融和社会的“四融”理念，走进农民心坎里，融入百姓生活中，逐步赢得了客户的信赖与支持，实现了自身的高质量发展。

上善若水，水善利万物而不争，处众人之所恶，故几于道。水，包容万物，融于万物，方显至善至美。“融”体现了一种合作共赢价值追求，是农信系统的差异化竞争力，是普惠大众的金融之水。湖南农信始终在浪潮中把稳航向，在变化中把握规律，在表象中看到本质，牢记使命，把握优势，打造特色，着力构建农信系统与地方经济共生共荣、互惠共赢的大格局，推动形成命运共同体、发展共同体、利益共同体，更好地满足经济发展和人民群众需要，同时更好地促进和实现自身高质量发展。

毫无疑问，农信系统与地方经济是一个命运与共的整体，需要在携手并肩中共同作为、在砥砺奋进中共同前行、在协力同心中共同担当。一方面，农信系统要牢固树立“地方意识”，既要为地方的发展锦上添花，更要雪中送炭；另一方面，地方也应该在政策等多方面为农商银行的业务拓展、工作展开提供良好条件。双方这样良性互动的建立，较大程度上需要农商银行主动作为，深化地方与农信之间的感情。

数据显示，近三年来，浏阳农商银行累计发放小微企业贷款437亿元，每年增速为32%；截至2021年底，浏阳农商银行263位“金融村官”成功对接浏阳市3.2万名微网格长……浏阳农商银行贴近服务的力度越来越大，方法越来越多，成绩越来越突出。这是农商银行服务基层的生动实践。

如今，我们正处在百年未有之大变局。虽然我国在新冠肺炎疫情防控方面取得举世瞩目的成果，但经济社会发展仍承受着十分巨大的压力。对于农信系统来说，要在这样的大背景下积极面对、深入研究和着力解决服务经济社会发展的重大课题，全系统必须在思想认识、发展定位、经营理念、主要任务及相关运行和考评等方面多做研究、实践、总结、提升，以利于更好地为经济社会发展服务。

准确地切入，才能走出普惠金融的新路，才能彰显贴近服务的温度。在种种困难和挑战面前，中央提出构建以国内大循环为主体、国内国际双循环相互促进的新发展格局，这是我国经济中长期发展的重大战略。农信系统宏观上要站在世界经济大变局和我国发展新阶段的高度，落实好国家支持小微企业的金融政策，深度融入国家发展战略中体现担当；微观上要不断创新金融产品和服务，全力解决好小微企业融资难题，更多地帮助受疫情冲击大的小微企业渡过难关。

乡村振兴是农商银行的根本依托。农商银行本来就是从“乡间小路”“田间地头”走出来的，跟农村基层社会建立了深厚的感情。在全国应对挑战、转换思路、大力改革、锐意进取的当下，农商银行要一如既往，在服务基层中寻找自己的位置，贡献自己的力量。

# 第八章　融洽员工：人才永远是动力之源

—“一即是全，全即是一”
— 执行力是最好的战斗力
— 鲜明家风永流传
— 不让奋斗者吃亏
— 没有高大上，只有实干家

## 第一节 “一即是全，全即是一”

在市场经济时代，银行员工跳槽早已不是新鲜事。相较于大型国有银行、股份制商业银行员工的高频率、大批量流动，浏阳农商银行员工队伍却保持了难能可贵的稳定。据统计，自2010年以来，浏阳农商银行员工跳槽至其他银行的仅有5人，而他行跳槽至浏阳农商银行的却有13人，员工流入远远大于流出。

如今，外部评价浏阳农商银行的员工用的是做事踏实、细致认真等赞美之词，羡慕之情溢于言表，但回顾历史可以发现，浏阳农商银行的队伍建设也与其业务发展一样，经历了从探索前行到成熟完善的过程。浏阳农商银行充分尊重每位员工的人格独立，将其视为“有血有肉的人”；而员工们也会相互协作，握指成拳，不断激发团队的力量，实现合作共赢。这种关系被形容为“一即是全，全即是一”，在这家农商银行，员工与单位关系呈现出一种“既统一又独立”的特征，形成了和谐“融洽”的关系。

队伍建设是一项复杂而艰巨的系统工程。20多年前，浏阳农信联社开启过一场覆盖全员的正风肃纪运动，用一种近乎简单粗暴的方式，遏制住了员工队伍中的不良风气。为什么说是简单粗暴的方式？这不得不提及当时浏阳农信联社所处的背景。

20世纪90年代的浏阳农信联社被称作“四无”社，即“无人才、无钱财、无名气、无荣誉”，其中“无人才”被摆在了首要的位置。在那个年代，浏阳农信社部分员工思想观念弱化，裙带关系复杂，经常攀比背景、互不买账，甚至到了公然抵抗组织、漠视规章制度的地步。有一次，时任浏阳农信联社主任的黄贤春亲自带着人事调令去基层信用社做工作，好言劝导一位员工服从组织安排，但该员工却当场拍板走人，并扬言“天皇老子来了也不怕”，可见当时员工的组织观念、纪律观念松散到何等程度。

1997年3月，浏阳农信联社创建“优胜劣汰”机制，全面推行劳动优化组合上岗。黄贤春在浏阳农信联社全面推行劳动优化组合会议上明确表明，劳动优化组合中的落聘人员，一是年纪较大的员工开放内退通道；二是允许员工辞去工作，申请调离；三是实行待岗培训，从落聘之日起3个月内减发岗位工资，3个月期满后，经联社组织考察合格后可重新上岗，连续三次不合格者直接解除劳动合同。

优胜劣汰这个在现代人事管理中经常被提及的词语，放在当时无异于一剂“猛药”。与现在优胜劣汰常指的调整换岗、另作他用不同，浏阳农信联社当年的“汰”就是真正清退出局。镇头信用社员工曹某，在同事的眼中是一个在生活上充满情趣的人，会唱歌、懂乐器，写得一手好字，平日与人相处融洽，但工作中却是自控能力较差，劳动纪律和组织纪律十分涣散。曹某喜欢与不三不四的朋友一起打牌和喝酒，又不能坚持自己的原则立场，发放了多笔人情贷款，给单位造成了不小损失和不良影响，最终退出了农信社队伍。

这种“动真格”的行动对员工们的触动很大，让一些“刺头儿”员工意识到遵守规章制度的严肃性，有效地扭转了员工队伍的不良作风。同样可以看到的是，在劳动优化组合中，浏阳农商银行所倡导坚持的“公开、平等、竞争、择优”原则，也赢得了员工的广泛支持，提高了个人积极性，实现了竞争上岗和岗上竞争的统一。

## 第二节　执行力是最好的战斗力

“优化劳动组合”其实是企业人力资源管理中的常用举措，但对当时刚刚与中国农业银行“脱钩”的浏阳农信来说，要做出这样的决定，就要向一些不良作风问题宣战，就会不可避免地得罪一些人，其中的压力不言而喻。然而，破茧成蝶，“破茧”是最痛苦的经历，也是最重要的过程。正是通过这场雷厉风行的正风行动，让浏阳农商银行员工队伍的整体面貌焕然一新。

“事业靠人来做!”这是浏阳农商银行的经营管理金句。更进一步来说，人怎么才能把事业做好？在李寿树看来，员工队伍层面起决定性作用的是执行力。以前，浏阳农商银行也出台过一些思路清晰、办法新颖且符合自身发展实际的举措，但有时由于员工执行力的欠缺，使得工作效果打了折扣。因此，浏阳农商银行将执行力作为检验员工队伍的核心标准。

2017年11月20日，正是浏阳农商银行计划推出“口袋零钱”条码支付业务的前夕，全行组织召开“口袋零钱”业务培训及营销推广动员大会，并下发了具体的营销方案。原本这种新业务发布前，举行几场培训或动员大会，再配套下发专项营销方案的策略，在银行业早已成为“公式化”的套路，毫无新意可言。但令人意想不到的是，到了11月28日，浏阳农商银行“口袋零钱”入驻商户突破1万户，实现了8天营销1万户的惊人战绩。当时正值冬季，浏阳农商银行的员工却不惧寒冷，利用夜间时间主动“扫街”“送码”，创造出看似不可能完成的奇迹。

这让人不禁想知道，这些“拼命三郎”的员工群像背后的驱动力是什么，但翻看浏阳农商银行的《口袋零钱营销工作方案》，“口袋零钱”的营销奖励相较同期的其他产品并没有高出太多。如此只有一种可能，在浏阳农商银行，员工绝非完全是金钱驱动，更多的是执行力使然。

其实在执行力建设方面，国内外许多管理学专家都提出过不少理论，但在浏阳农商银行，执行力建设只围绕着四个字——“事必回复”。

“事必回复”的前提是授权管理，浏阳农商银行的职位从高到低，都明确了其权限范围，中层以上的管理人员每年签订《授权书》，充分尊重管理人员的自主性，以“大胆放权”的方式，将事情放心交给员工办，有效激发了微观主体的主观能动性。在浏阳农商银行，李寿树提倡“让员工成为管理者”，其中最重要的内容就是让员工拥有管理者思维。如何让员工拥有管理者思维？李寿树的做法很简单，他总喜欢劳心费神地组织全行性的员工“大会”。特别是对于涉及全行重要战略、重点部署的会议，他更是要求将参会人员范围扩大至基层员工一级。起初，他的这种做法也引起过争议，有的支行行长认为让基层员工参加一天会议，不如让他们去搞一天营销来得实在。但久而久之，这种“不一样”的声音也就慢慢消退了。许多中层管理干部惊讶地发现，与以往支行传达会议精神不同，基层员工们直接参与经营管理会议，更能够领会总行的战略意图，对于具体业务的认识将会更加深刻，从而使得员工工作积极性、执行效率大大提高。

这种既把员工当“将军”，又把员工当“士兵”的举措，也无形之中为浏阳农商银行储备了大量后备管理人才。李寿树坦言，“大胆放权”绝不是说“放之不理”，要解决员工执行层面上“怎么做”的问题，关键在于解决其思想层面上“为什么做”的问题，只要思想认识问题解决了，做起事来自会“事半功倍”。

“事必回复”的核心在于层层跟进。为此，浏阳农商银行建立了“首问责任清单、岗位责任清单、问题整改清单、追责问责清单”四张清单。其中，首问责任清单规定对于任何意见建议或工作事项，明确首先接到询问的部门为第一责任部门，对于反映的相关问题和需求，无论是否属于自身管辖范围，第一责任部门均须协调、办理、答复，杜绝相互推诿的现象。岗位责任清单则是明确支行、部室职责分工，梳理岗位职责要求，避免职能边际重叠、履职界限不清的情形。问题整改清单是针对内部或外部的检查情况，形成问题整改台账，进一步明确整改责任人、整改期限、整改措施，及时堵塞漏洞，防患于未然。追责问责清单则是构建了责任追究长效机制，全方位监控案防履职情况，加强员工异常行为排查，对屡查屡犯、屡纠屡错的风险隐患和违规行为，实行“硬约束”，做到“零容忍”。

通过推行“四张清单”，在浏阳农商银行，无论是高管班子还是普通员工，都不能当“甩手掌柜”，任务的分配、实施、跟踪、评价形成了一整套体系，使得员工执行起来自然毫不马虎。这在浏阳农商银行的业务竞赛中得到了充分体现。早在20世纪90年代，当时的浏阳农信联社就已经开始实行季度劳动竞赛，将年度工作任务划分到季度，并确定每个季度的重点工作，如今更是演变成为按日计量、按周通报、按月考核的工作模式。这种层层跟进的授权管理方式，使得浏阳农商银行全员的工作进度会被实时“过问”，而不是听之任之，置之不理。

“事必回复”的保障在于“双向互通”。俗话说，上面千条线，下面一根针。在基层实践过程中，基层员工干部总会遇到难以解决的问题，有的问题是碍于职能权限得不到解决，有的问题则是思路方法不对路。因此，执行力建设不能是单向的，而应该是“双向互通”的，不能只要求基层对上级布置的任务进行回复，上级也要对下级提出的建议与需求进行回复，树立“二线为一线服务，机关为基层服务”的理念。正因如此，浏阳农商银行高管们嘴边常常挂着一句话——最好的创新永远在基层。在浏阳农商银行，大大小小的决策与方案必须要经过基层调研这一环节，如果出台的方案与基层实践结果相违背，就要及时修订甚至撤回。如此也就保证了浏阳农商银行能够敏锐地捕捉市场变化，及时调整经营方向，提升执行效率。不仅如此，浏阳农商银行还上线启用了OA电子公文系统，开发了内部通信的KK软件，在保障文件、资料安全性、保密性的同时，提升了内部信息传输的效率，极大地缩短了总行决策部署的链条距离。

当执行力变为一种习惯，那么问题就不再是问题。历经了20余年的执行力建设，浏阳农商银行上至经营管理层，下到员工个体，将执行力从要求转变为一种习惯，由习惯转化为一种理念。

## 第三节　鲜明家风永流传

决定队伍建设的另一个至关重要的因素在于浏阳农商银行传承久远的朴素家风。“家风”这一概念最早出现于西晋著名的《家风诗》里，诗人寓情于诗，生动形象地称赞了家风这一传统美德。自古以来，名人好家风的不少，其中以曾国藩的曾氏家风流传最为广泛。浏阳农商银行也有着自己特色鲜明的家风，即“把农商银行的事当自己的事来办”。

如果要用形容词来描述浏阳农商银行的家风，那么必定是朴素的，这也与浏阳农商银行员工艰苦创业的历程息息相关。与现在较高的薪酬待遇不同，20世纪90年代至21世纪初期，浏阳农商银行的薪酬待遇在全市的银行同业来说根本排不上号。按照现在市场经济的思维，浏阳农商银行员工跳槽率必定很高。

然而，据浏阳农商银行人力资源部退休员工赵选芳回忆，那个时候员工离职率并不高，而且离职的员工大多都是在岗位竞争中淘汰下来的。赵选芳表示，20世纪90年代，社会信息相对闭塞，单位公招机制还不完善，可供选择的就业岗位不足，也一定程度上让浏阳农商银行员工退无可退。正是相对封闭的环境，使得浏阳农商银行的员工逐渐形成了集体性的认同感，第一次认识到单位与员工是休戚与共的共同体。

赵选芳在回忆中描述了这样一个场景，在那个年代，很多浏阳的信用社就像一个四合院，员工们都如同家人一般生活着。特别是在盛夏的夜晚，大人们围坐一桌，一起热聊着陈年的往事，孩子们互相追逐着享受他们的童趣，伴随着满天繁星和断断续续的知了声，整个信用社都回荡着温暖而友善的笑声。信用社是孩子们的乐园，也是每一位员工的家园。

在调研采访过程中，我们不止一次听到“以社为家”“以行为家”。

“社”是农信社，“行”是农商行。看似是口号的语句，在一次次不经意的脱口而出中，形成了一种有力量的共识。共识很重要，如聚火成炬，释放出难以置信的光和热，照亮逐梦的脚步。因此，我们不难理解，在20世纪90年代浏阳农信最困难的时期，为什么会有那么多可歌可颂的感人故事，为什么会涌现出那么多不讲报酬、只讲奉献的奋斗榜样。当自己的“家”处于竞争的被动地位，甚至是岌岌可危之时，还有谁会纠结什么薪资报酬？每日工作时间超过12小时、每周住社7天、每月无休假，而且没有任何特殊津贴，这些感人的故事，都真实地在浏阳农商银行的历史中上演过。

如今，浏阳农商银行给每位新员工都配备了一名“入门师”，入门师必须由经验较丰富、具备传授能力的业务骨干、中层管理人员担任。对于入门师的准入，浏阳农商银行在把关上十分严格，并建立了退出机制，以提升入门师队伍的履职水平。入门师在做好“每周开展一次交流、每月进行一场测试、每季读一本好书”规范动作的基础上，针对每位新员工的个性与素质，制订“一对一”的培养计划，帮助新员工更快适应工作环境、学好业务技能、遵守制度规定、认同企业文化，使得好的家风代代传承。

同时，浏阳农商银行的领导干部在家风传承中起到了很好的示范作用。其实，好的家风很大程度上取决于好的“家长”。作为单位的“家长”，浏阳农商银行的领导班子常常被说成是“没有架子”。他们热衷于把自己的办公桌“搬”到基层去，带头推行“一线办公”法，而不愿意“拍脑袋”做决策。浏阳农商银行的“一线办公”法中最有特点的莫过于“午餐会议”。“午餐会议”顾名思义就是在午餐桌上的会议。这种会议与平常正襟危坐的正式会议不同，员工与领导都处于一种相对宽松的环境，通过拉家常的方式，缩短了双方的距离感，营造轻松愉悦的家庭氛围，使得员工能够开诚布公、畅所欲言。在“午餐会议”上，小到员工的休假排班、入户走访、不良贷款清收等问题，大到网点的提质改造、人员配备等需求都能得到较好的解决，且不会过多占用员工的自主时间，极大地提高了决策的效率。正因如此，这种直奔主题，杜绝形式主义的朴素工作方法深受员工们的欢迎，成为员工们的共识。

“午餐会议”只是这家农商银行家风建设中的一个小小例子，但正是这样一个个小的细节，让好家风凝聚起向善向上的强大力量。浏阳农商银行工会主席余中付表示，近年来，浏阳农商银行从“硬件”和“软件”两个方面发力。在“硬件”完善方面，加快推进小食堂、小浴室、小图书室、小活动室、小菜地等“五小建设”，购置各类书籍和运动健身器材等一系列配套设施，为员工打造温暖温馨的工作生活环境，让员工“吃得放心、住得舒心、工作安心”。在“软件”优化方面，举办炊事员厨艺大赛、员工春晚、家属答谢晚会等活动，组织篮球、足球、羽毛球、乒乓球等文体小分队，开展青年员工交流联谊、普法教育、文学赏析等座谈会，于细微处关心关爱员工，不断增强员工的归属感。

家风对于人的熏陶作用是深远而持久的。浏阳农商银行这种朴实无华的家风，虽然简单平凡却能够激励一代又一代浏阳农商银行员工，成为其“扎根泥土”的精神食粮，使他们更加热爱集体、融入集体。

## 第四节　不让奋斗者吃亏

2004年初，浏阳农商银行组织开展了一次员工思想动态调研，通过对150余名基层信用社员工进行调查，得出了当时员工所关注的热点问题：

关心农信社经营管理的决策是否正确。在被调查的员工中，其普遍关注的是领导的经营管理能力，是否能够在其位、谋其政，创新经营管理方式，使本行在社会上拥有较高的声誉和地位。

关心员工主人翁的地位是否得到保障。随着改革的不断深入和员工思想文化素质的不断提高，员工的民主意识大大增强。员工更多关心自己能否参与经营管理，并且要求提高经营管理工作的透明度。

关心农信社人才使用和利益分配是否公正合理。其共同愿望是领导在人才使用上创造平等竞争的条件，在分配上切实贯彻按劳分配原则。对作出突出贡献者，要给予重奖，这样才能激励职工公平竞争，农村金融事业才能健康发展。

这次员工思想动态调研结果中的第三个热点显得尤为现实。如果说，在浏阳农商银行发展初期，全体员工更多的是凭借着一股奋斗者般的执着韧劲，齐心协力扭转了业务的颓势。那么，当浏阳农商银行步入稳健发展的正轨之后，怎样让员工充分享受企业发展成果，使得奋斗者不会吃亏，也就成为摆在浏阳农商银行管理团队面前的一道现实问题。在浏阳农商银行，“不让奋斗者吃亏”主要体现在三种导向，即按绩评价导向、公平公正导向、表彰激励导向。换句话说，也就是让奋斗者的腰包鼓起来，让奋斗者的底气足起来，让奋斗者的标杆立起来。

华为公司创始人任正非曾说过：“华为之所以要艰苦奋斗，就是为了挣更多的钱，让员工分到更多的钱，让员工及其家人过上高品质的生活。”这家中国科技行业巨头、世界500强企业的掌门人，从不忌讳跟员工谈钱。他有一句广为流传的名言：“谈钱是对员工最好的尊重。”诚然，企业要让员工创造价值，也必须让员工活得更加体面，这是浏阳农商银行一直以来努力的方向。

20世纪90年代初，华为公司刚在深圳创业起步的时候，浏阳农信联社也在经营管理的道路上苦苦摸索。当时，社会上一度兴起砸“三铁”的风潮，所谓“三铁”是指铁饭碗、铁工资、铁交椅。砸“三铁”意味着企业的薪酬、用人制度不再是一潭死水，而是向市场化方向不断发展。

市场化的春风使得浏阳农商银行看到另一条激发员工活力的道路。

1996年7月，全市557名信用社员工与浏阳农信联社在平等自愿的基础上签订了劳动合同，成为浏阳金融系统第一家告别“铁饭碗”的企业。2006年，浏阳农村合作银行彻底打破了收入分配上的平均主义，首次提出了“基本工资保吃饭、绩效工资靠实干”的口号，统一取消了员工的档案工资，按各项工作的分值含量计算每月业绩，按业绩分值计付报酬。在当时，信用社与信用社之间、员工与员工之间年度绩效工资差额就有上万元到几万元不等，极大地调动了员工工作的积极性。与一些企业跟员工谈钱总是讳莫如深不同，浏阳农商银行提出，要让员工工资在当地同业中具有竞争力，让奋斗者的腰包鼓起来。现如今，浏阳农商银行的员工薪酬在全市同业中居于前列，在整个湖南农信也处于第一梯队。

在浏阳农商银行，绩效考核机制始终围绕着一个前提——易看、易懂、易算，让每位员工心里都有本收入账。这是由于绩效考核的最终目的是充分调动员工的积极性，而过于复杂的考核机制，容易导致员工抓不到工作重点，使其工作效率大打折扣。因此，浏阳农商银行认为，绩效考核就应该让员工看得到、读得懂、算得清，如此才能发挥其最大的效用。在易看、易懂、易算的前提下，浏阳农商银行将绩效考核的核心定为质量效益，以模拟核算、单独考核为核算原则，通过总行盈亏统一核算，支行业绩单独考核的方式，将质量效益的指标考核到支行、到岗、到人，让员工增收与单位增效得到统一。在质量效益考核指标设置上，浏阳农商银行从不片面追求增量而忽视质量，将不良贷款风险损失准备等质量指标纳入考核，确保了业务发展的可持续性。同时，浏阳农商银行将绩效薪酬一分为二，分为总行统筹部分与支行自行分配部分，各支行可出台特色考核方案，让支行行长手中也有“指挥棒”，绩效考核的指导性、实效性更强。

与市场化中的资本逐利不同，浏阳农商银行在绩效考核中也彰显了“以人为本”的特点。特别是对于农商银行来说，许多网点在偏远山区乡镇，地方经济发展相对滞后，更多的是承担普惠金融的社会责任，如果按纯市场化的考核方式，势必会打击这些网点员工的工作积极性。在对这部分经济欠发达地区支行的考核上，浏阳农商银行更加注重实际，区别对待，根据不同类别的支行设置相应的等级考核指标，确保同类别支行中同岗位员工的薪酬总量不会过分拉大，让甘愿坚守在这些欠发达地区的员工也不会吃亏。

在浏阳农商银行，员工既能感受到像家一样的人性化氛围，又能收获一份在当地颇有竞争力的体面工资，这种情感与物质上的双保险，使得浏阳农商银行的员工能将精力集中于工作本身，实现了个人与单位共同成长的良性循环。

与其他商业银行重点追求资源型人才不同，浏阳农商银行更喜欢普通家庭出身的“白纸”型员工。这是因为，资源型人才所带来的效益是短期且不可持续的，而普通家庭出身的员工，往往更加能吃苦耐劳，对于工作的热情更高，有着很强的可塑性。

浏阳农商银行岗位晋升的目标在于打破基层员工的“天花板效应”，其原则是公平公正。早在1998年，浏阳农信联社就开始推行竞聘上岗制，当时全社柜组长的岗位全部由员工竞聘产生，让人力资源配置、任务分配由被动转为主动，减少了人为的安排，真正让员工心服口服。2003年浏阳农信联社对15个信用社的副主任岗位实行竞争性上岗。当时，全社60多名符合条件的员工经过激烈角逐和竞聘，最终有15位人才脱颖而出，成为浏阳农信历史上第一批竞争上岗的信用社管理岗位人员。同台竞技，让竞争者有机会，也让竞争更公平，打破了因循守旧的传统观念，摒弃了论资排辈的落后体制，真正体现了优胜劣汰的市场化导向。现任浏阳农商银行风险总监的刘志阳，也是从这一批竞聘人员中脱颖而出，逐步成为浏阳农商银行骨干力量。据他回忆，当时竞聘上岗的题目是“如何当好一名中层副职”，参与竞聘上岗的员工都要站上讲台，面对着领导和同事一百多人，讲出自己的竞聘优势以及工作目标和打算。“员工能够公平竞争，真正用实力说话，自然就不会出现风言风语。”刘志阳说。

从小小的“竞聘”上岗起步，浏阳农商银行的人才培养体系也从“边干边摸索”，到逐渐形成了“引才、育才、用才、留才”一体化机制。

第一，打造了“百花齐放”的引才机制。近年来，浏阳农商银行不断拓宽选人视野，构建了“以校园招聘为主体，成熟型用工、高层次人才招聘为补充”的员工招聘方式，与省内知名高校建立长期合作关系，选拔具有较高综合素质的校招人才，面向同业及其他单位，引进具有丰富从业经验的成熟型人才，加大对信息科技、法律法务等紧缺人才的招聘力度，从源头上提升员工队伍的专业化水平。

第二，打造了“有位有为”的育才机制。浏阳农商银行搭建员工日常行为管理系统，实行员工积分制，对员工日常行为进行量化考核，建立员工个性化培养档案，实行“一人一档、动态跟进”的积分管理，将积分结果与职务晋升、岗位调整、入党评先、进城选拔等挂钩，全面掌握员工行为规范、工作业绩、廉洁自律等情况，形成梯队式储备人才库。

第三，打造了“能上能下”的用才机制。浏阳农商银行树立“以实绩论英雄”的用人导向，畅通机关部室与基层支行之间的岗位交流渠道，畅通中心支行与偏远支行之间的岗位交流渠道，畅通城区网点与农村网点之间的岗位交流渠道，构建员工交流轮岗、选拔考试、进城考核评价、塔基人才选聘等多样化晋升机制，让“有为者有位”，让“庸碌者让位”。

第四，打造了“保障加码”的留才机制。浏阳农商银行将薪酬待遇向一线员工倾斜，建立员工个性化培养档案，引导员工制定职业规划，推行结对帮带制度，组织员工交流谈心会，发挥内训课堂的积极作用，成立课题调研小组，让青年员工参与到课题调研之中，参与到全行经营管理之中，帮助员工展示自身价值，提升自我成就感。

“引才、育才、用才、留才”的一体化机制成为奋斗者们的最强“后盾”。浏阳农商银行认为，奋斗者不应该被束之高阁，而是让其他员工聆听奋斗者的声音，感知榜样的力量，使其对员工的思想、观念起到潜移默化的作用。为了充分调动员工的积极性，更为公平、直观、全面地评价每一位员工，浏阳农商银行先后出台了《柜员星级管理办法》《客户经理星级管理办法》，以“公平公正、以级定酬、动态管理、年度考评”为原则，将员工星级从低到高分为一星级、二星级、三星级、四星级、五星级五个等级。星级评定一年一次，采用百分制评分，评分标准涵盖岗位资质、培训考试、业务管理、综合评价、加（扣）分项五个方面，每年第一季度根据上年度员工表现进行综合考核后评定，并与员工岗位工资、评先评优、晋升转岗挂钩，极大地增强了队伍活力。

2020年，浏阳农商银行开始打造金字塔式的奋斗者评选体系，形成了“每月之星”“年度之星”“奋斗者之星”的三级架构，其中“每月之星”由各业务部门按照营销、服务、普惠、党建等每月的特定主题，评选出相应的月度先进个人；“年度之星”则是在“每月之星”中评选出十佳服务明星、十佳青年员工、十佳先锋党员、十佳营销能手、十佳“金融村官”五类年度先进个人；“奋斗者之星”则是依据员工历年工作表现及业绩择优评选，也是浏阳农商银行员工的最高荣誉奖励。

李俊山就是浏阳农商银行第一批“奋斗者之星”获得者中的一位。在这之前，他曾任职浏阳农商银行淳口支行行长。在他刚刚接手淳口支行时支行绩效收入垫底，通过五年时间的不懈努力后，他带领淳口支行打赢了“存款翻倍、绩效翻番、排名翻身、环境翻新、发展翻篇”五个“翻身仗”。“翻身”背后需要的是更加下潜的发力，只有下潜得够深、够稳，才能扭转乾坤。在淳口支行“破蛹蝶变”之前，李俊山同样面临诸多挑战，首当其冲的就是员工信心不足。骏马是跑出来的，强兵是打出来的，但这需要团队有股劲。当时，淳口支行的不少员工对发展持悲观态度，认为不良贷款的包袱比较重，多做和少做都要扣工资，工资拿得少自然做事提不起劲，做事不起劲又反过来影响绩效考核，如此形成了恶性循环。看到问题的实质，更要解开问题的症结。李俊山果断调整经营思路，重新调整考核方案，与员工来了一次推心置腹的长谈，将支行的经营账、考核账、管理账一笔笔地算给员工听，让员工看到不良贷款反弹压力的同时，也看到表内外不良贷款清收的潜力。一位略显“颓废”，本来急于调离原岗位的员工，随即当场表示，想要再拼一把，不能让其他支行的同事看笑话。这位“想拼”的同事不但自己咬着牙努力干，还调动了其他员工的积极性。用李俊山自己的话说，这场会开完后，不良贷款压降的“苦还是那个苦”，但苦中已有信念的甘甜和直面困难的勇气。其实，信心比黄金更宝贵，越是面临困难越要有“不获全胜、决不收兵”的必胜信心。在淳口支行全体员工干部的共同奋斗之下，该支行表内外不良贷款综合占比和余额实现了双降，表内不良贷款占比仅有0.83%，资产质量由全行“闻名”的后进行一举成为全行“慕名”的先进行。

李俊山只是浏阳农商银行众多最美奋斗者当中的一位。为了不让奋斗者“冷下来”，浏阳农商银行不仅在物质奖励等方面让奋斗者收获回报，还在岗位晋升、经营管理上给予其更大的空间，让奋斗者得到更多资源与机会，最大限度地激发员工队伍的活力。正是在这种思维模式下，让原本站在幕后的奋斗者们纷纷走到台前来，走到聚光灯下，讲述自己的奋斗故事，形成最能打动人心的榜样力量。

## 第五节　没有高大上，只有实干家

人们评价浏阳农商银行的员工，用得最多的词就是“实干”。以至于有位市政府领导曾风趣地说，在浏阳的金融机构中，闲谈闲聊跑得最快的是浏阳农商银行员工，开会议事到得最早的也是浏阳农商银行员工。

俗话说，一个和尚挑水喝，两个和尚抬水喝，三个和尚没水喝。要调动员工的主观能动性，必须要树立实干的价值观，营造出正能量的工作氛围，让想做事、能做事的员工享受鲜花和掌声。于是，在浏阳农商银行，哪怕是“性格直”的实干家也会得到极高的礼遇，受到领导及同事发自内心的认同，而不是被猜忌嫉妒或反复打压。正是这种正能量的氛围，以及具有包容性的土壤，“让近朱者更赤”，使浏阳农商银行培育了一大批“个性鲜明”的实干家。

1999年，国务院办公厅开始着手对全国农村合作基金会进行清理，并下发《关于印发〈农村合作基金会清产核资指导意见〉的通知》。浏阳市政府从该年4月8日起开始对辖内农村合作基金会进行整顿，浏阳农信联社作为接收单位全程配合清理工作。

经过几个月的攻坚克难，清理整顿工作已经迈入了收尾阶段，但是仍有两家信用社与当地农村合作基金会的清产核资工作陷入了僵局，其中就有三口信用社。

三口信用社拖到最后不是没有原因的。造成三口信用社与乡政府工作停滞的最大分歧点在于资产界定，三口信用社认为基金会有几笔数额较大的贷款已经进入了呆账、坏账序列，不应由信用社来埋单，乡政府则持相反的意见，双方进入了拉锯战。据浏阳农商银行行长胡琦文回忆，当时作为三口信用社的负责人，自己与地方党政、基金会进行了多次协商，光是大大小小的会议就开了20多次。面对地方政府的强硬态度，他始终没有放弃坚守信用社权益的底线，然而令他不曾想到的是，这场博弈最终闹到了市长那里。

在全市基金会清理整顿工作汇报会议上，三口乡政府主要领导直接在大会上向当时的浏阳市市长诉苦。此时的胡琦文心里同样憋着一口气，在他看来，自己之所以据理力争，为的是捍卫信用社的权益，让基金会清理整顿工作能够经得起时间检验。多年之后，当他谈起这段往事，一再感叹道，自己想到了政府会施加压力，却没想到事情竟然会闹到市领导那里去。

浏阳农商银行给予了他最大的支持，在一次次的沟通努力下，这位三口信用社的主任，也用自己的实干作风赢得了地方政府领导的肯定，基金会清理工作得以圆满完成。

在浏阳农商银行，员工支撑着单位的发展，单位反过来也支撑员工干事创业，双方构建出一种共生关系，相互将对方的利益摆在了首要位置。

包容是创新的重要土壤，试错的机会更是难能可贵，可遇不可求。创新的事物往往是与众不同的，是对原本存在规则的一种革新。这也导致创新的种子是非常脆弱的，如果没有“包容”的土壤，没有“试错”的肥料，便汲取不到充足养分，难以破土发芽。如此看来，浏阳农商银行涌现出这样一大批“个性鲜明”的实干家绝不是偶然。

对于实干家的培养，浏阳农商银行始终遵循着这样一句话——胆够大、心够细、手够勤，而“胆够大”被摆在了第一位。正因如此，浏阳农商银行不乏“胆够大”的实干家。

赵辉现任浏阳农商银行永安支行行长。他既在总行业务部门当过负责人，又在基层支行任职支行行长，是一位履历丰富的中层管理干部。与赵辉共事过的同事都评价他思维活跃，创意十足，总能想出一些新潮的点子。赵辉任职的永安支行位于浏阳经济技术开发区，这个园区是浏阳市域内电子信息、生物医药、智能制造等现代化产业的集聚地，经济发展活跃，征地拆迁项目也比较多。在一次走访过程中，赵辉发现，随着园区规模不断扩大，许多周边农户因为新城镇及其他项目开发建设，而失去了原有的生产、生活用地。这些农民离开了世代赖以生存的土地，成为新的城市市民，其创业和发展都需要资金的支持。赵辉敏锐地意识到这是一个稍纵即逝的“商机”，便带领团队研发新的信贷产品。不久之后，永安支行推出了“失地农民贷款”产品，为失地农民提供了二次创业、日常消费、安置房购置装修的周转资金，帮助失地农户再就业和创业。这款信贷产品一经推出就成为“爆款”，引得其他同业竞争对手争相模仿。

无独有偶。浏阳农商银行现任网络金融部经理张洪同样是一位“敢闯敢拼”的实干家。他在电子银行业务领域耕耘十余年，逐渐成长为一名农信系统电子银行业务的“能手”。他曾三次站在湖南农信电子银行业务的培训讲台，面向全省农商银行同仁介绍工作经验，还被邀请到其他的农商银行交流授课。2011年，湖南农信“第一张”福祥贷记卡在浏阳农商银行首发，实现了全省农信系统贷记卡从无到有的突破。他作为项目组的一员，参与了湖南农信福祥贷记卡的前期开发、测试、上线等工作。在这之后，他还结合浏阳本土的实际情况，研发了福农卡、福农一卡通和福祥贷记公务卡等产品，进一步丰富了浏阳农商银行的福祥贷记卡产品体系，使其贷记卡产品功能比肩同业先进水平。

赵辉、张洪都是浏阳农商银行实干家中的代表性人物。对于浏阳农商银行来说，实干家绝非特例，而是群像。在浏阳农商银行，实干不仅是态度，更是一种工作能力和专业素养。1984年浏阳农信联社成立时，全县信用社在编员工中，大中专以上文化程度的员工数为零。2004年该比例提升至68%，而到了2021年底，浏阳农商银行本科以上文化程度员工数占比为93%，其中不乏双一流大学的本科生、硕士生。

高素质人才不断涌入也让浏阳农商银行领导班子感到管理上的压力。对于新生代的“实干家”，象牙塔的成长环境让他们不容易转变工作角色，容易好高骛远；对于老一辈的“实干家”，学习能力相对弱化，不太适应知识快速更新的时代。如何去掉这两种实干家头顶上的冒号，浏阳农商银行行长胡琦文认为，只有反复培训才能解决问题。为什么强调“反复”二字，因为这是一个由量变到质变的过程。在浏阳农商银行，每年的员工教育培训实施方案都是“一把手”工程，将“三天打鱼两天晒网”的零散式培训整合成有指导性、前瞻性的工作计划。

浏阳农商银行在培训经费方面一直都舍得下血本。胡琦文认为，培训是对员工的一种福利，也是对未来的一种投资。因此，浏阳农商银行每年都会聘请专家、教授向全体员工开展2次以上的专题培训活动，中层管理干部每年都要定向到全国知名高校学习，规定每位员工每年培训学习时长不少于72学时。中层管理干部曾前往浙江大学、厦门大学、湖南大学等国内双一流知名高校进修；上海交通大学、上海理工大学等教授名师也被邀请到浏阳，与全行的员工进行现场授课。

在胡琦文看来，“培”与“训”要分开来，以前的培训工作往往重视“训”的部分，填鸭式、教条式的教育比较多，更侧重于笔试成绩，员工处于被动接受的角色。因此，近年来，浏阳农商银行注重在“培”字上创新，逐渐形成“四个相互”的培训体系，即特定岗位业务培训与管理岗位效能提升培训相互结合、全员基础培训与对口专业培训相互补充、传统培训与在线培训相互交融、业务考试与技术比武相互关联，在课程设置上侧重于氛围营造与素质提升，让员工保持专注度与持久性。

与此同时，浏阳农商银行并不满足于开展外部培训，更是将心思放在内训师队伍的建设上。为此，在全行范围内打造了7个内训课堂，选聘16位专业内训师，搭建“高管讲座、中层授课和专业内训师教学”的三级培训模式，保证了培训更切合农商银行工作实际。在登上内训讲台的过程中，许多员工苦练内功，自我加压，形成了“训人先训己”的良好风气，使内训课堂成为制度学习、知识传播、经验交流的平台。

员工职业道德培训也是浏阳农商银行的一大特色。俗话说，有钱能使鬼推磨。浏阳农商银行监事长寻文欣说：“农商银行员工白天手里数着票子，晚上守着票子，整天就是与金钱打交道；若在员工队伍中有心术不正者、意志薄弱者，很容易被金钱所诱惑。”针对此情况，浏阳农商银行制订了《清廉金融文化建设实施方案》，专门创办了道德讲堂，通过抓机制保廉、教育倡廉、典型育廉、活动促廉、家庭助廉，把职业道德、廉洁从业要求融入具体工作岗位，将员工职业道德培训作为新员工的第一课和老员工的终身课。与此同时，为了强化员工八小时之外的监督管理，浏阳农商银行创新构建了“三方联保”机制，让员工、同事、家属三方共同签订联保协议，定期邀请家属参加廉洁文化培训活动，使得家属了解并参与案件防控治理工作，以此加强对员工的有效监督，让员工能够时刻抵御道德上的考验。

“以人为本”才是根本。浏阳农商银行不是将员工当作“价值利用”的资产，而是把员工作为“挖掘培养”的资源，充分运用正向引导与反向约束的方法，培厚实干精神的土壤，助力员工成长、成才、成功，使得员工与单位能够共同发展。

# 第九章　融通客户：让温度成为竞争力

—以客户为中心

—把客户当亲人

—让客户得实惠

# 第一节　以客户为中心

美国著名管理学家迈克尔·哈默曾提出：“以客户为中心的本质是创造客户价值。”对于这条被无数企业奉为金科玉律的理念，浏阳农商银行同样有着深刻的实践体会。

创造客户价值的本质是成就客户，满足其需求，而不是以企业自我为中心。浏阳农商银行如果以自我为中心而追求利润最大化，必定无法在持续的市场竞争中笑到最后，而应该将以客户为中心作为前提，坚定地走好普惠金融道路，在成就客户的同时也实现自身的可持续发展。

“浏阳花炮响天下，天下花炮数浏阳。”浏阳农商银行“以客户为中心”的理念很好地体现在对花炮产业的扶持中。作为中国国家地理标志产品，浏阳花炮不仅畅销国内，还远销全球一百多个国家和地区，浏阳市也由此成为世界著名的花炮之都。2021年全年，浏阳市花炮行业实现产值260余亿元，解决了30多万人的就业问题。

花炮的起源也有着悠久的历史。早在1400年前隋唐时期，就出现了早期的竹筒爆竹，后经历代改良发展，花炮成为各种节日庆典的必备元素。然而，具有悠久历史的传统手工艺品淹没在市场经济浪潮之中的例子不在少数，浏阳花炮也是几经波折，才逐步走向市场化，这其中也离不开浏阳农商银行的默默支持。可以说，浏阳花炮行业的发展历程，也是浏阳农商银行“融通客户”的缩影。

浏阳花炮产业发展历经了三次革新，分别为“颜色革命”、产权改革和工厂化改造。如果说“颜色革命”攻克了花炮生产工艺的技术难题，让花炮进入了“有色”时代，工厂化改造使得花炮走向规模生产、安全生产模式，承上启下的产权改革则激发了浏阳花炮发展的内生活力。

浏阳中洲烟花有限公司总裁李昌初的家族有着100多年的烟花生产历史，最早可以追溯到清朝。在他看来，浏阳农商银行每一次的业务创新都站在了客户的角度。据李昌初介绍，浏阳花炮生产最早以家庭作坊为主，生产过程中所需的资金都是浏阳农商银行提供的，当时最火的信贷产品就是农户小额信用贷款。后来，花炮个体户纷纷开始创办股份制企业、私营企业，但建厂的土地都是集体性质的，其他银行根本不跟这些花炮企业打交道，浏阳农商银行又尝试开办了农房抵押贷款业务，破解了集体土地上的农民住房、企业厂房的抵押贷款难题。现在，浏阳花炮产业正向高质量发展方向转型，企业经营模式日益成熟，浏阳农商银行的服务更是由单一产品演变为一揽子金融服务，信贷产品不断丰富，手机银行、网上银行等电子银行产品快捷方便，国际业务、代收代付等支付结算渠道畅通无阻。

在庆祝中国共产党成立100周年文艺演出的《伟大征程》中，浏阳烟花再次震撼亮相于“鸟巢”上空，值得一提的是，此次焰火全部由浏阳东信烟花集团独家燃放。对于浏阳市东信烟花集团创始人钟自奇来说，他与信用社打交道近40年的时间，与浏阳农商银行早已经成为家人。他表示，每隔一段时间，浏阳农商银行的工作人员都会主动来调研公司需求，“我们有任何需求想法都可以和他们交流”。

俯下身子倾听客户需求，浏阳农商银行才能够及时修正经营策略，以客户为中心，赢得客户好感。在浏阳市中南烟花燃放有限公司董事长李先祥的脑海中，有件事情格外记忆犹新。2000年初期，“影子银行”成为困扰中小企业融资的障碍，他当时也和几家商业银行接触过，但是李先祥发现，这些商业银行对于如何帮助企业发展、支持实体经济不太感兴趣，而是热衷于资金套利，喜欢炒热钱、快钱，使资金在金融系统内“转圈”，从而导致小微企业求贷无门。现在，随着普惠金融不断深化，“支持实体经济”成为银行的必答题，各大商业银行又反过头来吃回头草，纷纷来找浏阳本土企业，提出各种优惠条件。某大型商业银行以增加授信的方式，向李先祥开出1000万元贷款的价码，让其归还浏阳农商银行的600万元贷款。李先祥果断拒绝了，他给出的理由很简单：我们办企业就是想要长久，而浏阳农商银行做得就是长久，“长久”对“长久”，我们立场一致，密不可分。

花炮产业在浏阳被称为富民产业，毫不夸张地说，浏阳人民是吃花炮饭长大的，浏阳人民也是靠做花炮富起来的。因此，在对待花炮产业调整上，浏阳农商银行从来不搞“一刀切”。近年来，受禁放、限放以及安全生产等政策影响，浏阳花炮产业进入了转型调整期，“浏阳花炮将会消失”的言论甚嚣尘上，不少商业银行又开始“抽贷”“断贷”，但是浏阳农商银行依然坚守，不离不弃。这家农商银行紧紧围绕政府政策导向，制定了一系列支持花炮行业转型升级的举措，提供了“一户一策”的金融服务方案，找到了农商银行风险控制与企业生存发展的平衡点。2021年春节期间，浏阳花炮产业凭借着“加特林”“舞龙棒”“快乐360”等烟花产品火爆全网，玩具烟花、城市烟花被越来越多的市民所接受，整体销量稳中有增，个人燃放类的小产品烟花较上年春节增加5亿元以上，走上了更安全、更环保、更时尚的创意烟花之路。

浏阳农商银行“以客户为中心”还更多地体现在追求创新之中。作为湖南农信系统内首家开办国际业务的县级法人机构，2021年底，浏阳农商银行全年国际业务累计结算量为61262万美元，结售汇54638万美元，共代理同业国际业务（含村行）共15家；在湖南省38家涉汇银行中，国际收支申报业务笔数排名第12位，跨境人民币业务增速和业务量均位居第18位，是中国外汇交易中心会员单位和环球同业银行金融电信协会会员单位。

作为一家“土”银行，浏阳农商银行的“洋”业务却开办得如此红红火火，让人不禁好奇其缘由。2000年以来，浏阳市外向型经济发展迅速，市域范围内的鞭炮烟花、生物医药、花卉苗木、纺织服装、林产品深加工等已形成了较大的产业优势，产品在国际市场上销路较好，企业国际业务结算需求剧增。客户涌现出来的国际业务需求，使浏阳农商银行看到了发展机遇。

然而，国际业务创办历程却远没有想象中的轻松，一切都要从零开始。在创办初期，浏阳农商银行没有专业人才，没有专项制度，更没有任何国际业务工作经验。按理来说，最保险的办法是依葫芦画瓢，可是浏阳农商银行却没有一味地邯郸学步，或是全盘复制别人的运作模式，而是凭借着一股子“蛮劲”，实现从零突破。2008年，浏阳农商银行着手国际业务的申报准备工作，2009年4月正式对外办理国际业务。至今，国际业务开办时间已经超过十年。

在人才培养上，浏阳农商银行国际业务实现“零突破”。浏阳农商银行通过“内训+外训”的方式，培养了一批国际业务人才，并在全行持续开展国际业务培训，对外汇局最新的方针政策、外汇理论知识、有关外汇产品、业务操作流程等进行学习辅导，打造专业的国际业务团队。

在制度完善上，浏阳农商银行国际业务实现“零突破”。浏阳农商银行将国际业务纳入全行流程银行建设，修订完善各项外汇业务规章制度，全力抓好外汇规章制度的执行。

在系统建设上，浏阳农商银行国际业务实现“零突破”。在省农信联社的支持帮助下，浏阳农商银行参与研发国际结算系统，系统涵盖结算处理、资金清算、国际收支申报、黑名单筛查等业务功能，可办理结售汇、汇款、贸易融资、进口信用证、出口信用证、跟单托收、光票托收、保函等多种业务类型，对接SWIFT、金宏系统等多个系统，实现了业务系统化、流程化处理。

在客户拓展上，浏阳农商银行国际业务实现“零突破”。这也是最重要的一点。由于国际业务涉及跨国结算等复杂流程，外汇客户不会轻易变更自己的结算路径，再加之浏阳农商银行的国际业务刚刚起步，并未形成品牌效应，客户对于其服务能力存疑。在优质大客户无法撬动的情况下，浏阳农商银行就从他行“不屑”的小客户做起，提供他行做不到或者不想做的服务，不仅在业务流程上不断优化，还无偿为企业跑商务、商检、海关、电子口岸、税务、外汇局等职能部门，协助客户办理自主经营权证，并提供专业咨询及建议。

2016年至今，浏阳农商银行将国际业务进行整合提升，在行内实行本外币一体化经营，形成了账户开立、结售汇、单证业务、贸易融资等本外币一体化的国际业务体系，将客户稳稳地留在了浏阳农商银行，也让小县城里的国际业务在湖南农信系统小有名气。

## 第二节 把客户当亲人

在浏阳农商银行，流传着一个“铁骑队”的故事。在交通还不发达的20世纪90年代，浏阳农商银行员工自发组建了信贷服务铁骑队，一本借据、一辆摩托、一沓资料，为民送贷上门。当时，地处偏远山区的小河信用社信贷员前往与江西省毗邻的村组发放贷款，还得把摩托车寄放在山下，再爬10多公里的山路，而这些贷款户中最小贷款金额仅为36元。在那个年代，每年有超过1.5万户农户从这些铁骑队员手中得到生产或生活贷款，体验着最原始的送贷上门服务。

互联网科技的发展让大多数人体验到了信息时代的便利，却也让少部分中、老年人难以适应。当下，在偏远山村仍有一部分人没有智能手机，或不会使用手机App，这是被互联网金融忽视的边缘群体，却始终被浏阳农商银行重点关注。在浏阳农商银行看来，做普惠金融不汗流浃背，那就不是普惠金融，农商银行如果只想吹着空调赚钱，那就背离了普惠金融的实质。

因此，浏阳农商银行一直以来坚持把银行办到村民家门口，把便民服务做到了农民心坎上。有一个名叫上洪村的小村庄——位于浏阳东区风景秀美、民风淳朴的张坊镇。这里群山环抱，流水潺潺，有着独具特色的客家文化，也是著名无产阶级革命家、新中国交通运输事业开拓者王首道的故乡。上洪村地处偏隅，从此处再往东行约8公里，就到了江西省宜春市铜鼓县境内。

在这里，有着一个浏阳农商银行的离行式自助银行。这家自助银行离浏阳农商银行最近的网点——张坊支行有着10多公里的山路，近20分钟的车程，每当其中的ATM、CRS设备需要加钞时，张坊支行的两名工作人员都要在运钞车的押运下，护送着沉重的款箱，经过蜿蜒曲折的山路，才能到达目的地。这一来一回需要折腾将近1个小时。

在当地人看来，这家自助银行的生意是不错的，每天都要办理十多笔业务。但是站在市场化的角度，这是一笔非常“亏本”的买卖，且不论人力成本，单单算电费、房屋租赁费、机具折旧和维修费用就是一笔不小的开支。早年间也有员工提议将这家自助银行关停，这样既可以节省成本，又不会影响业务竞争。看似一举两得的事情，浏阳农商银行的领导班子却不同意。在他们看来，能为办理业务的客户节省来回近40分钟车程，就是一件很有价值的事情，绝不是单纯的业务量可以衡量的。

2021年2月11日下午，这一天正是农历的大年三十。一位《浏阳日报》编辑中心主任想取点现金给孩子们包压岁钱，走了很多家银行自助柜员机未果，最后到了浏阳农商银行才取到了现金。这位编辑中心主任表示，当时自己才真正体会到金融也是有温度的。

互联网时代已然到来，但是线下的服务却不能戛然而止。如今，金融机构去网点化观点盛行，但浏阳农商银行却依然保持着物理网点的整体稳定性，从不撤走偏远乡镇的网点。由于自身的先天定位，浏阳农商银行不是单纯跟随业务流量走，而是跟着百姓群众走。这种先天定位，就是把客户当亲人，想客户之所想，急客户之所急。

在浏阳农商银行，物理网点的转型秉承“实用至上、兼顾前沿”的原则，比如根据业务量逐步压缩现金柜台，加大智慧机具布放力度，增设大堂经理，提升厅堂服务，不断丰富营业网点的政务、民生等功能，向着社区化、个性化、多功能化的道路不断前行。

如果说手机银行打通了农村金融的高速公路，那么浏阳农商银行覆盖全市的线下服务网络就是修好了村民回家的乡间小路。2021年底，浏阳农商银行共在全市设立营业网点79个，离行式自助银行18家，POS特约收单商户3060台，在偏远乡镇建成18家便民金融服务站，实现普惠金融服务点、服务站、服务店的全覆盖。2021年，浏阳农商银行全力落实湖南省农信联社的决策，广泛在城乡社区、行政村和商户等固定场所设立福祥e站，真正把银行办到了村民家门口。

福祥e站是湖南农信在实践普惠金融过程中的又一重要战略部署。作为湖南农信普惠金融和社区银行建设的重要载体，福祥e站能有效整合金融、电商、物流、社区、政务、公益等各类社会资源，能够为居民提供小额资金调剂、缴费充值、转账汇款、基层政务服务代理、农产品代购代售、社区生活商圈、快递收发、便民健康、信息咨询等服务，真正把金融服务触角延伸到老百姓心坎上，打通了金融服务的“最后一公里”。

浏阳农商银行把客户当亲人，其中有一条核心要义——用发展的眼光看客户。在浏阳农商银行看来，客户培育是一个动态、持续不断的过程，而不是只着眼于客户的现状。与有些商业银行总是围着高回报客户“打转”不同，浏阳农商银行的客户培育观是今天的农户是明天的商户，明天的商户就是未来的企业主。相比之下，浏阳农商银行更看重客户的潜力和合作持续性，蕴藏着一种做长期、做长线的思维。在浏阳当地，浏阳农商银行也被称为“农民企业家的摇篮”，许多浏阳本土响当当的企业都与之有着不解之缘。

20世纪80年代是一个新旧交织的特殊时期，伴随着改革开放的东风，大量的新潮思想和新鲜事物迅速填满了中国这个生机盎然的国度。而身处山城浏阳的两位年轻小伙子——周开明、蒋剑锋，也在这股时代潮流之中，开启了自己的创业之路。

周开明第一次与浏阳农商银行打交道，还是在1988年，据其回忆，当时肯借小额贷款给农民的只有信用社。那时，周开明在柏加乡基建队工作，隶属乡（公社）企业办管理。这个时候的柏加乡基建队受体制限制，生产发展积极性不高，再加之规模较小、人才队伍缺乏，企业市场竞争力不足，亏损金额达49万元，时刻面临着倒闭的风险。1990年，周开明接任柏加乡基建队队长，在他的带领下，基建队展现出新的面貌，并通过可靠、过硬的建筑技艺，形成了良好的口碑，顺利实现扭亏为盈。2000年12月，柏加乡基建队实行股份制改革，正式成立柏建建筑园林股份有限公司，企业迈入发展的快车道，如今已成为浏阳本土的明星企业。

与周开明一样，蒋剑锋最早与浏阳农商银行结缘也是在20世纪80年代。当时，浏阳市永安镇万家村属于全市有名的冶炼村，许多村民经常到长沙、株洲、湘潭等地购买国营企业加工后的有色金属废料，将其回炉熔炼成金属锭后进行销售。1986年，蒋剑锋靠着信用社的2000元贷款资金，在家里支起熔炼炉从事冶炼行业，赚到了人生中的第一桶金。1997年，蒋剑锋利用村上的闲置土地自建厂房，创办“浏阳市飞跃冶铸厂”，生产有色金属锭以及压铸铝制品。2000年初，蒋剑锋将其经营主业转换为汽车零部件，并于5年后创建博大汽车零部件有限公司，与众多世界500强的汽车企业保持合作关系，成为浏阳制造业的领跑者之一。

周开明、蒋剑锋都是农民出身，也都是从浏阳农商银行借了第一笔小额贷款，分别在不同行业创办了标杆企业。在这两位浏阳本土企业家眼里，浏阳农商银行有着共同的特点，那就是不戴有色眼镜，不搞花架子，与企业共生共荣，相互成就彼此。某商业银行行长在走访周开明时问道：“是否考虑与我们上市银行进行深入合作?”周开明回答：“浏阳农商银行与我们一同成长，我们与浏阳农商银行不仅是业务关系，更是一种亲情伙伴关系。”据统计，浏阳农商银行300万元以上的贷款客户中，87%的与浏阳农商银行有着超过10年的合作关系。

最长情的陪伴得到了最忠实的客户，这在浏阳农商银行得到了最好的体现。据浏阳农商银行监事长寻文欣回忆，2016年，他在社港支行担任支行行长，市域内几家商业银行都想要争夺浏阳市骨伤科医院这个客户，但都无果而终。他表示，浏阳农商银行及时掌握了解客户需求，在头寸收付、银医合作、引流服务等方面不断创新，提升服务质量，使浏阳市骨伤科医院“不想走”。如今，浏阳市骨伤科医院在浏阳农商银行日均存款余额达2亿元。

贫居闹市无人问，富在深山有远亲。浏阳农商银行的“融通客户”，就是要保持初心，既要锦上添花，又要雪中送炭。因此，浏阳农商银行要求每位员工在服务客户时不能“势利眼”。

浏阳市康明木业有限公司灾后重建的事例就是最好的佐证。该公司成立于2006年，位于浏阳市沙市镇工业小区，主要生产楼梯扶手及整屋家装，先后被评为“湖南省林业产业化龙头企业”“长沙市巾帼创业示范基地”及“湖南省竹木加工诚信单位”，其产品冠湘楼梯荣获“湖南省名牌”“湖南省著名商标”等荣誉。2016年12月23日凌晨，一场由线路老化引起的大火让这家企业陷入艰难的境地。康明木业的办公楼、三分之一的厂房以及大部分设备和材料均在大火中毁于一旦，企业的生产经营陷入停滞状态，面临破产危机。当时，如果浏阳农商银行选择处置企业的抵押物，其贷款本息也不会受到太大损失。但是，浏阳农商银行综合评估之后却更愿意冒着风险，追加贷款，帮助企业化险脱困。这样的雪中送炭，在传统的银行经营模式里是不可想象的。

当然雪中送炭不能盲目，要送得准、帮得对。经过多次现场调查分析，浏阳农商银行得出结论，此次火灾事故的主要原因是企业安全管理不到位，而不是其产品和品牌失去市场竞争力，只要保持良好的现金流，企业将会很快恢复正常经营。于是，浏阳农商银行不但没有压缩贷款额，还增加了500万元的额度授信，帮助该企业渡过难关。同时，浏阳农商银行还协助企业与政府、保险公司对接沟通，获得政府优惠政策扶持，并争取到600多万元的保险赔付金。

康明木业的火灾没有烧走浏阳农商银行这位“伙伴”，反而让双方的关系更加亲密。某城商银行行长的直系亲属是康明木业的股东，但是无论这家城商银行如何上户抢客，却始终动摇不了康明木业董事长汪宏伟的决心。用汪宏伟自己的话来说：“在企业最困难的时候是浏阳农商银行拉了我一把，我绝不会忘了这份情，我们以前只跟浏阳农商银行发生业务往来，今后也只会与浏阳农商银行发生业务往来。”目前，康明木业新建厂区1.68万平方米，现有员工300多人，年产值9000多万元，在浏阳农商银行的年日均存款余额超过700万元，每年代发员工工资上千万元。

当时在企业出现经营困难时，浏阳农商银行第一时间想到的不是处置抵押资产，而是尽可能地帮助企业转危为机，以时间换空间，真正把客户当作自己的亲人。这张感情牌成了浏阳农商银行的一张竞争牌，许多企业客户称，浏阳农商银行这个亲人就算花钱也买不到，自己不想走也不会走。

银行把客户当亲人，自然客户也会把银行当亲人。正是这种强连接的关系，形成了差异化竞争力，客户对于浏阳农商银行有很强的包容性和忠诚度。当浏阳农商银行产品、服务在竞争中处于相对弱势时，一些重要客户也会默默支持，不会一窝蜂转投其他银行的怀抱，这种如亲人般的陪伴，也让浏阳农商银行能够迅速调整策略，游刃有余，从而更好地与客户融通关系。

## 第三节　让客户得实惠

这是节选自浏阳农商银行员工在2003年发表于《湖南合作金融》的文章：

早晨的太阳清新而洁净，蓬蓬勃勃射出万道温和的光芒，满世界因此而美妙起来。在尚未散尽薄雾的灿烂晨光里，我带着算盘、文件夹与同事们一道早早下乡了。

不知不觉，太阳已爬得一杆子高了，雾霭慢慢散去，阳光很柔和地洒在田野、房舍上。一群脸蛋晒得黑亮亮的村娃们悄悄地跟随在我们身后，用一种好奇的目光望着我们挨家挨户串门，侧起耳朵去捕捉我们和农民朋友聊天时隐隐传来的话语声……

下乡的工作很辛苦，但我却一点儿也不觉得累。当我看到信用社发放的小额贷款解决农民的融资需求时，我仿佛看到他们拿到资金后立即投入生产经营的场景；仿佛提前预见鱼满塘、谷满仓、一幢幢小楼拔地而起的美好日子；仿佛看见了他们脸上淳朴而幸福的笑脸！信用社是联系农民的金融纽带，这难道不是最为真实的写照吗？

夕阳染红了田野，染红了路面，也染红了山峦叠翠。学生们放学了，老人们赶着牛儿回家了，农户们结束一天的劳作往家里赶，甩下了一路欢歌笑语。

傍晚时分，我们带着满腔的喜悦，迈着坚定而踏实的脚步回社了。

这篇文章生动地描绘了老一辈浏阳农信人背包下乡的场景。在那个艰苦的岁月，浏阳农信人正是靠着“背包银行”精神，从前村走到后店，为村民们提供金融服务，全身心投入揽存、放贷、收息等工作中，以一种坚韧的姿态前行在希望的田野上，“背包银行”背起了农户的殷殷期待，也闯出了农村金融的一片天地。

时代在发展进步，“背包银行”的精神始终在浏阳农商银行传承。不少银行在经营过程中往往只提升线上业务，而忽视了线下服务，使得很大一部分农村人口无法享受到更加深层次的金融服务，而浏阳农商银行绝不会抛弃这一部分人。

于是，浏阳农商银行提出了新时代的“背包银行”精神——让数据多跑路，让员工多入户。这种线上+线下的模式，如同双腿走路，走得既快又稳。无论线上渠道怎么完善发展，浏阳农商银行员工始终保持着走村串户的老传统，为群众提供上门服务。与之前不同的是，在金融科技的辅助下，身处新时代的浏阳农商银行员工们，背包里多出了平板电脑、便携式打印机、笔记本电脑等设备，许多业务实现了现场办结，真真切切地让客户享受到便捷服务。

新时代的背包银行，应当坚持保本微利的定价取向，这在浏阳农商银行的贷款利率定价机制中得到了充分体现。目前，浏阳农商银行已经形成了一套完善的利率定价机制，每个贷款客户都可以享受到“一户一策”，每笔贷款将会按照客户信用评价、担保类型和客户贡献度等指标计算出客户的利率定价得分，根据得分确定对应的贷款利率浮动幅度，再依照贷款市场报价利率（LPR）计算出执行利率。用更简单的话来说，就是客户信用等级、贡献度越高，贷款利率越低。

在利率市场化的大背景之下，高利差空间的局面无法继续维持，农商银行后续的可持续发展势必要走上一条以质量效益为核心的薄利多销之路。浏阳农商银行不过分追求贷款的高利率，而是注重让利于民，不断做大基本盘、做优信贷质量，以此获得新的盈利增长点。2021年，浏阳农商银行人均经营利润排湖南省农信系统第一位，较全系统人均经营利润多出110余万元。

要“融通客户”，其实就是让客户得实惠。这句话虽然简单，但却蕴藏着经营之道的哲理。让客户得实惠主要体现在“多快好省”四个字上：

“多”就是信贷投入多。通过坚持加大信贷投入，拓宽普惠面，近三年来，浏阳农商银行累计投放涉农贷款667亿元，涉农贷款年均增幅达10%，涉农贷款户数8.9万户，占贷款总户数的98%；累计发放小微企业贷款437亿元，增速达11%。

“快”就是办事效率快。浏阳农商银行坚持“一站式”服务，简化审批流程，努力做到让客户最多跑一次，全面提高工作效率。例如与不动产登记中心合作，将不动产抵押登记办理柜台迁至农商银行，实现“不动产抵押登记、贷款发放”一窗办理，节省客户时间成本。

“好”就是金融服务好。打通农村金融服务“最后一公里”，让农村客户享受足不出村的金融服务，构建覆盖全市范围行政村、社区的普惠金融服务格局。

“省”就是融资成本省。在贷款利率“一户一策”的基础上，浏阳农商银行实施免费办理抵押物评估登记、免费办理本行信用等级评定、免费评估论证项目、免费法律法规咨询、免费办理代收代付业务、免费办理征信查询等政策，每年可为客户节约费用1500余万元。如今，浏阳农商银行贷款客户除按正常归还贷款本息外，无须支付任何费用。

# 第十章　融入环境：打造生态圈

— 与党政携手同行
— 给业务不如给信用环境
— 共同的目标联结彼此

# 第一节　与党政携手同行

改革开放以来，从"实现计划经济与市场调节的结合"，到"在政府宏观调控下，发挥市场配置资源的基础性作用"，再到"使市场在资源配置中起决定性作用"，我们不断探索政府与市场的关系，对社会主义市场经济的认识不断深化。

1996年与中国农业银行"脱钩"之后，浏阳农信联社迈入了独立经营的市场化道路。此时的浏阳农信联社领导班子已经意识到，农信社若想经营成功，除了自身要有强大的内功外，外部环境也有着极其重要的影响。

对于农商银行来说，在所有的外部环境中，银政合作环境是重中之重。这是由于政府作为市场环境培育的主要推动者，其支持与否很大程度上决定了农信社能否获得良好的外部发展环境。也正是基于这一点，浏阳农商银行逐渐形成了"既把政府当客户，更把政府当后盾"的朴素价值观，打造了携手同行的银政合作环境。如同下面这个银政合作的案例。

天马大桥位于浏阳市城区，是浏阳城区横跨浏阳河的六座桥中最长的一座。从1998年开始动工，至2000年通车，天马大桥成为贯通浏阳城区的交通要道之一。正是这座浏阳地标性的桥梁，与浏阳农信联社结下了不解之缘。

故事还要从1999年1月的一个深夜说起。结束了一天工作的浏阳农信联社主任黄贤春回到家中，正准备躺下休息时，一阵急促的电话铃声响了起来，原来是市委办公室紧急来电，通知召开紧急会议。

凌晨的浏阳市委办公楼依然灯火通明，时任浏阳市市委书记欧代明坐在会议桌前，眉头紧锁，政府主要领导班子悉数到场，空气中弥漫着一种紧张的气氛。看到黄贤春到来，欧代明的眉头稍微舒展了一点，随即让他们找椅子坐下。在随后的会议中，黄贤春了解到，政府财政资金紧张，天马大桥建设遇到了难题，建筑工人的工资迟迟不能支付，市政府希望浏阳农信社能提供800万元贷款以解燃眉之急。

这笔贷款对于当时刚刚“脱钩”的浏阳农信联社来说是一笔不小的数目，但黄贤春却当场表态全力支持政府工作，明天回去组织召开专题研讨会，这让欧代明松了一口气。经过贷审会的研究讨论后，这笔800万元的救急款以最快的速度发放了下来，浏阳市政府赶在春节之前支付完了工人工资，顺利解决了资金困局。春节后不久，该笔贷款就已偿还结清。

在该笔贷款发放过程中，也有一些员工持反对意见，认为贷款金额较大，与自身“做小”的理念不符。但黄贤春却力排众议，他认为，从风险控制的角度来看，根据浏阳市政府近三年的财政收支情况，这笔贷款风险整体可控；从支持地方经济环境发展的角度来看，农信社不能太过拘泥自己的小算盘，总盘算自身的小日子，而让浏阳错失发展良机，要展现出更大的格局，要算好“大账”，在关键时候要有担当。

至此，事情得到了圆满解决。天马大桥以及天马山隧道全线通车后，成为浏阳城区连接南区乡镇和湘赣边县市的重要交通枢纽，极大地促进了周边贸易、商业和交通发展。浏阳农商银行也由此赢得了市委、市政府的高度肯定和重视。

携手同行的银政合作环境不是一朝一夕能够创造出来的，这需要政府、银行双方高度互信、开诚布公。在浏阳农商银行看来，与党政携手同行，既要能够共同领略这繁花似锦的大千世界，更要永葆同甘共苦的鲜明本色。

在这个略显浮躁的时代里，银行业也好似被传染了一般，不乏急功近利的色彩。对于政府优质项目，诸多商业银行往往一窝蜂拥上去，你争我夺，显得车水马龙、好不热闹；而对于没钱赚的“苦差事”，却往往不闻不问，听之任之，可谓门前冷落鞍马稀。

然而，浏阳农商银行认为，这种冷暖的反差，绝不是“融”理念的体现。在浏阳农商银行，服务大众的“农”字永远摆在第一位，而资本驱动的“商”字摆在了第二位。

在这种理念的驱动之下，浏阳农商银行将地方政府的事当成了自己的事，把群众的事当成了自己的事，使得银政感情“融”在一起、责任“融”在一起、工作“融”在一起。

近年来，“党建引领”成为农商银行与地方政府合作共建的重要形式。浏阳农商银行以高质量党建引领高质量发展，通过“党建+”模式，做好六篇文章，构建了银政“责任共担、利益共享、事业共赢”的良好机制。

做好“组织”文章。构建“三级共建”机制，实现浏阳农商银行党委与乡镇（街道）党委合作共建，各支行党支部与行政村（社区）党支部协同共建，各党员与行政村（社区）党员互助共建，每月开展1次主题党日活动，每季度开展1次交流座谈，每年开展1次“我为群众办实事”实践活动，不断深化党建与业务交流合作。

做好“发展”文章。浏阳农商银行把服务乡村振兴战略作为践行服务“三农”宗旨的主攻方向，入选《浏阳市“开展金融支农服务深入推进五大工程”助推乡村振兴专项活动工作方案》的唯一合作银行，在全市推进“整村授信工程”“培育农村新型经营主体工程”“农村信用体系建设工程”“脱贫致富工程”“农村融资改革创新工程”五大工程，重点扶持10家以上农业龙头企业、100家以上合作社或家庭农场、1000家以上专业种养户，为地方经济发展浇灌金融活水。

做好“队伍”文章。从浏阳农商银行选派优秀员工到行政村（社区）担任“金融村官”“村（社区）党总支书记助理”，从乡镇（街道）、行政村（社区）、村组网格小组中选拔金融协理员、金融组织员、金融联络员，通过银政合作来共同培育既懂政务又懂金融的人才队伍。

做好“信用”文章。依托党政的治理体系，加快社会信用体系建设，建立农户、商户、小微企业动态信用档案，稳步推进信用镇、信用村、信用户建设，将信用环境建设与授信额度、担保要求、利率优惠、荣誉评定等挂钩，与地方政府共同打击违法金融活动和“老赖”行为，营造“人人讲信用、人人守信用”的良好氛围。

做好“帮困”文章。做好脱贫攻坚与乡村振兴有效衔接，重点关注低收入人群和困难群众，每年开展走访贫困户、关爱农村“留守儿童”等联点帮扶活动。通过走访慰问与产业帮扶相结合的方式，加快推进村级基础设施建设和产业发展转型，实现村民共同富裕。

做好“服务”文章。推动金融服务向下扎根、向上延伸，结合“最多跑一次”改革和“一门式”服务平台建设，拓宽政务服务种类以及办理渠道，建设“互联网+政务+金融”线上线下综合服务平台，形成“基础金融服务不出村、综合金融服务不出镇、非现金融不出户”的金融服务体系，确保农户足不出村便能享受到便捷的服务。

通过“党建+六篇文章”，浏阳农商银行找到了普惠金融与商业可持续发展的平衡点，造就了政府、客户、农商银行之间牢不可破的关系纽带。浏阳市政府有业务合作，第一个想到的就是浏阳农商银行；浏阳百姓有金融需求，第一个想到的还是浏阳农商银行。

## 第二节　给业务不如给信用环境

1999年，在一次浏阳市经济工作会议结束后，市领导询问时任浏阳农信联社主任罗继红：“你们目前有没有困难，是否需要政府的帮助?”罗继红在感谢市领导的关心后，回答道：“信用联社的发展离不开政府的支持，但是直接给我们业务，不如给我们好的信用环境。”

如何融入环境是一个综合性的大命题，信用环境培育与农商银行发展有着最为直接的联系，这也是浏阳农商银行历年来的工作主旋律。因此，就有了这个“给业务不如给信用环境”的故事。

在湖南省农信联社下发的《湖南农信系统不良贷款自主现金清收集中攻坚行动方案》中，明确规定了要实现“三个清零”，而“三个清零”中的第二个清零指的是“公职人员不良贷款余额清零”。对一些银行来说，公职人员不良贷款可能是“老大难”问题，但在浏阳农商银行，浏阳市政府公职人员的不良贷款余额基本上保持为零。

之所以有这么好的信用环境，浏阳市政府起到了决定性的作用。2002年，当时的浏阳市委常委、常务副市长在《湖南日报》上撰写了一篇报道，即《入世如何防范金融风险——浏阳首创金融安全区的调查启示》。文中描述了这样一个案例，浏阳市政府重拳打击逃废债行为，一位副厅级干部依仗位高权重长期拖欠浏阳农信社50万元贷款，浏阳市法院顶住各方压力，依法对其拘留，终于成功收回了拖欠贷款本息。这也从侧面反映出浏阳市政府优化信用环境的决心之坚。

不仅如此，浏阳市政府连续出台多项强硬措施来推动公务员不良贷款的清收工作，比如，在《浏阳日报》、浏阳电视台曝光失信人名单；扣发公务员工资偿还拖欠贷款；对恶意欠款个人年终考核直接评为不称职等。胡某是浏阳市公安局的一名工作人员，1992—1994年，他在浏阳农信社借款2笔，金额7万余元。由于其配偶经商亏损，胡某在公务员不良贷款清收行动中没有按期还贷，其年度考核不称职。后浏阳市政府下达最后通牒，如再不偿还拖欠款项，将给予其开除公职的处分。最后，胡某为了保留公职，千方百计地还清了所欠贷款本息。

在20世纪90年代浏阳市金融安全区的创建过程中，浏阳农商银行与浏阳市政府开始健全社会信用体系，以信用建设为重点，围绕“宣传教育、打击整治、整章建制”三个关键环节，在全省率先开展了金融安全区创建活动，合力打造“诚信浏阳”品牌。浏阳市政府以政令的形式，明确了《浏阳市金融债权管理制度》，对恶意拖欠逃废银行债务的失信企业以及个人实行联动制裁和黑名单制度。此时，正处于国家征信体系建设的探索初期，浏阳市政府开始重拳打击“老赖”行为，在新闻媒体上曝光黑名单中的企业和个人，并规定全市各金融机构停办其借款、开户等业务；税务部门严格审查其税收征缴情况；工商部门严格其工商营业许可证办理和年审手续，停办其工商登记注册等。

从1998年开始，浏阳市政府连续三年召开由各乡镇、市直单位“一把手”参加的农村信用合作工作大会。会上，浏阳市政府与各乡镇签订了帮助信用社发展的目标责任书，将信用社资金组织、不良贷款清收工作作为重要内容纳入目标考核，实行一票否决制。1998—2000年，全市各乡镇成立了以党政“一把手”为组长的清非攻坚队，参加清非达3500多人次，帮助浏阳农信社收回不良贷款1100多万元，吸收存款8300多万元，解决各类难点问题200多个，使得当时各类不良贷款得到全面收回，全市81个改制企业中没有出现一例逃废债、悬空债务的现象。2005年9月，浏阳市被授予全省首家“金融安全区达标单位”称号。之后的十余年时间里，浏阳市历届党政领导班子都高度重视金融安全区建设，花了很大精力搞好社会信用环境。浏阳市政府陆续发布《浏阳市社会信用体系建设三年行动计划》等文件，围绕信用信息系统建设、信用服务市场培育、政务诚信加快推进、商务诚信深入推进、社会诚信全面推进、司法公信大力推进、信用治理效能提升、诚信宣传教育推广八个方面开展信用环境建设，实现本市自然人、法人和其他社会组织信用主体信息全覆盖，实现政府部门信用记录及信用报告使用率100%、企业信用档案覆盖率100%，实现企业信用承诺制度、信用评级制度、分类监管制度、黑名单公示制度全面落实到位，让诚实守信意识深入人心，成就了一片金融生态绿洲。

“浏阳农商银行能走到今天，首先还是因为浏阳有一个良好的金融环境。”浏阳农商银行经营管理层对此深有感触，“可以说，如果没有政府对信用环境建设的高度重视和不懈坚持，就没有浏阳金融今天的发展，更没有浏阳经济今天的繁荣。”浏阳信用环境建设坚持了二十多年时间，为整个浏阳金融业的稳定奠定了坚实基础，为经济高质量发展提供了有力支撑。对浏阳而言，以金融安全区创建为重要载体，打造金融发展环境的生态绿洲，吸引投资者们纷至沓来，推动了一个个高新项目落地，带动了产业转型升级，滋润了县域金融和经济。在浏阳，信用环境培育走的是一个“大诚信”的路子，这不但要求个人讲诚信，更要求政府、银行、企业等市场主体都讲诚信。这种“以上率下”的诚信导向，使得浏阳的信用环境不断优化，“诚信浏阳”的品牌在全省乃至全国声名远播。

2002年，浏阳农商银行在浏阳市政府的主导下，在沙市镇四新村、永和镇泉塘村、金刚镇东泉村、大围山镇楚东村、淳口镇南冲村、柏加镇铃泗村、社港镇新安村、荷花镇胡坪村创建了第一批信用村，并以此向全市推广。

沙市镇四新村的几十位村民更是齐聚在村部，敲锣打鼓地迎接信用村的牌匾。如此大的阵势也让上门“送牌匾”的时任沙市信用社主任周芳茶和同事感动不已。原本她只想着将信用村的牌匾送到村部后，再去下乡走访客户，因此包括她自己在内只有三位同事前来。不曾想到的是，四新村村民将这块牌子看得如此之重，望着在场的几十个人，周芳茶也不禁感动。这个为“三农”服务的信用社，用真情实意的行动赢得了村民的拥护。

2004年，浏阳市政府成立了信用建设领导小组，制订《浏阳市信用建设实施方案》，浏阳农商银行作为信用镇、村创建的绝对主办银行，持续优化信用环境，推进信用镇、村创建活动。

2011年，浏阳市政府连续制定出台《浏阳市乡镇、街道金融生态评估办法》《浏阳市信用乡镇、街道、村、社区评定办法》，市政府与各乡镇、街道和金融机构签订金融生态建设工作目标责任书，每年对全市乡镇、街道进行金融生态评估，将信用建设纳入对各乡镇、街道农村工作目标考核。

2012年1月15日上午，当时的浏阳市普迹镇镇长紧急将时任浏阳农商银行普迹支行行长刘胜叫到办公室。他说，普迹镇的2011年度信用体系建设扣了0.05分，是一户不良贷款归属地统计有误所致，要刘胜立即想办法向市里汇报，撤销扣分。刘胜当时犯嘀咕，0.05分有什么大的影响，都木已成舟了。镇长见刘胜面露难色，进一步说道，这个0.05分可以拉开较大的考核差距，最主要的是市政府重视这项工作，普迹政府在接下来的考评中会很被动。于是，刘胜立刻把那户归属地有误的不良贷款客户的身份证明准备好，到普迹政府出具了撤销扣分申请，找到当时乡镇信用建设考核主管部门——中国人民银行浏阳支行。中国人民银行浏阳支行相关负责人知道其来意后，表示年度乡镇信用建设打分已经公示，要撤销还没有先例，但是出于实事求是的原则，同意请示市政府领导。最后，市政府同意了相关请求，为普迹镇撤销了0.05分的扣分。

从这个案例可以看出，信用村建设被纳入乡镇、街道的工作考核，极大地提高了基层政府的重视程度。同样，浏阳农商银行也出台了信用村建设的配套方案，明确了三大原则：一是信用村牌子不搞终身制，达不到要求就要退出摘牌；二是配套政策执行到位，利率越低、额度越高、手续越简；三是信用村划分星级，星级越高优惠力度越大，形成长效机制。

如今，信用村已经变成了浏阳市政府和浏阳农商银行共同的重点工程。在浏阳市政府以及人民银行的支持下，浏阳农商银行成功建成272个信用村，信用村覆盖率达84%，信用村内的农户小额信用贷款最高可按现行执行利率优惠30个基点。

在浏阳的各个村部，村里总是把那块烫金的信用村牌挂在最显眼的位置，作为信用环境良好的证明。

# 第三节　共同的目标联结彼此

营商环境是指企业在开设、经营、贸易活动、纳税、关闭及执行合约等方面遵循的政策法规所需的时间和成本等条件。世界银行自2003年开始发布《营商环境报告》，对引导全球投资者预期、促进资本流动起到了至关重要的作用。国家发改委发布的《中国营商环境报告2021》中，对于营商环境的评价包括开办企业领域、获得信贷领域、政务服务领域等指标。

浏阳从一个国家级贫困县逐步发展成为区域竞争力排名全国前10名的百强县，其中良好的营商环境功不可没。正因为良好的营商环境对于社会各个主体的促进作用，让浏阳农商银行深刻地认识到，有市场才有会发展，而市场化的环境绝不是一种故步自封的僵化模式，而是一种共生共荣的开放理念。因此，浏阳农商银行不再满足于信用环境的培育，而是竭尽所能地履行社会责任，推动自己投身于营商环境的建设之中。

共生共荣的理念激发了浏阳农商银行的创新思维，政银全域通业务的开办过程就是最好的佐证。在市场调研过程中，浏阳农商银行发现，群众对于开办企业业务流程优化的呼声较高。这是由于企业开办业务涉及市场监督管理局、税务局、社保局、银行等多个部门，企业主办理业务往往无从下手；部分企业主为了省事，一般委托第三方机构代为办理业务，一套办下来费用在3000~8000元，而且办理时间短则数日，长则需要一两个月。

2020年底，浏阳农商银行主动与市场监督管理局、税务局和社会保障局等部门洽谈后，决定在企业开办业务上创新，助推全市营商环境改善优化。2021年3月，浏阳农商银行与市场监督管理局合作，签订“政银全域通”战略合作协议，规定市民可以在浏阳农商银行任意网点办理企业注册登记的所有手续，大大方便了市民。

浏阳市市场监督管理局的领导对于浏阳农商银行这种“主动给自己找事做”的开拓精神表示赞赏。该领导认为，营商环境优化不是政府一家的事情，浏阳农商银行主动参与优化营商环境，既成为政银合作的基石，又为农商银行带去新的业务增长点。

从正式确立合作关系，到政银全域通业务上线，仅用了短短一个多月的时间。2021年4月26日，政银全域通业务在营业部开展试点，浏阳市民曾祥禄当天上午9点走进浏阳农商银行营业部办理企业开办业务，到了10点34分，曾祥禄就成了长沙市万单工程项目管理有限公司法定代表人。仅仅一个半小时，曾祥禄就领取了营业执照、印章，办理了银行开户和新办企业税务业务，成为湖南省浏阳市政银全域通的首个体验用户。曾祥禄起初还没有实感，原本他只是想来浏阳农商银行了解一下企业开户业务的流程和手续，没想到一会儿工夫，不仅银行的业务办完了，就连涉及政府各部门的企业开办手续也统统搞定。

数字化转型为企业客户提供了更好的解决方案，企业开办涉及的“照章税银保金”这六个联办事项均可在浏阳农商银行支行网点办理，对符合条件的新开办企业实现六个联办事项一个工作日完成。

其中，“照”即营业执照，“章”即刻制印章，“税”即申领发票，“银”即银行开户，“保”即就业参保登记，“金”即公积金缴存登记。但是，要实现“照章税银保金”六大事项一站办理难度也不小。为此，浏阳农商银行与浏阳市市场监督管理局、优化营商环境中心反复实践总结，最终创新推出企业开办“5110改革”，即企业开办5份材料、1个环节、1个工作日办结、0费用。

“5110”改革的“5”，指的是申请材料的减少。企业开办的申请材料从23份压缩至最多5份。6个事项的材料整合在一起，在企业设立登记环节申报，解决了以往企业开办材料多、程序繁杂、部门要求不一的难题。

两个“1”指的是空间、时间上的缩短。第一个“1”是指减环节，企业登记等6个办理事项并联办理，一并纳入企业开办环节。第二个“1”是指减时间。企业开办全流程时间压缩至1个工作日，各环节办理时限以小时计算，即企业设立工商登记4小时以内完成；印章刻制、申领税务发票、企业社保登记和公积金开户并联同步进行，4小时以内完成。

最后一个“0”指的是开办企业零成本。事实上，浏阳已成为“五零城市”（零成本开办企业、零证明办理事项、零见面审批服务、零收费园区政务、零干扰企业发展），零成本开办企业就排在第一项。

浏阳市市场监督管理局联合浏阳农商银行组织开展政银全域通暨企业开办全程电子化培训会，探索建立“银行帮办联络员”制度，实现企业开办业务“银行帮办”，由银行网点全程辅导申请人办理企业设立登记、刻制印章、银行开户等业务，将企业开办全流程时间压减至以小时为单位。

据统计，2021年，浏阳农商银行全年柜面业务总量为430余万笔，较最高峰时期下降71%。在传统柜面业务总量逐年下降的趋势下，浏阳农商银行适当引入政务类业务，让物理网点产生高附加值的集聚效应。

目前，浏阳农商银行的43家支行营业网点均可办理上述业务，给企业提供生命周期全链条服务。“政银全域通”业务刚开办不久，在离浏阳市中心70多公里的小河乡就有2个企业在当地浏阳农商银行网点成功领取了营业执照和印章，并在农商银行开立企业账户。2021年，“政银全域通”业务入选全国高质量发展营商环境特色案例评选50强。

2021年末，浏阳市共有19家银行机构，这对于地处内陆的县级市来说并不常见。银行数量增多，往往意味着“僧多粥少”，但浏阳农商银行却从不搞价格战，不搞恶性竞争，始终保持一种开放的心态。

在浏阳农商银行看来，一潭死水的金融生态环境不仅会影响地方经济发展，也会让农商银行丧失紧迫感，犹如温水煮青蛙，最终变得与市场格格不入。浏阳农商银行副行长毛圣对此感触颇深：开放式的金融生态圈反而会促使自身核心竞争力提升，换句话说，浏阳农商银行多年来存款、贷款市场份额的稳定靠的不是垄断业务，而是对市场需求的精准把握。

浏阳农商银行打造开放式金融生态圈的方式在于场景驱动，通过跨界合作的方式，整合涵盖衣、食、住、行在内的各方资源，连接餐饮、物业、校园、公交、医疗等多元化的场景，将农商银行的支付渠道、产品服务、数字科技等全面开放，不断深化金融服务内涵，与合作伙伴共同建设开放式金融生态圈。

开放式金融生态圈成了浏阳农商银行的又一竞争力。

# 第十一章　融和社会：创造新价值

—“金融村官”来了

—借网管网有奇效

—赋能乡村振兴

## 第一节 “金融村官”来了

随着湖南农信普惠金融工作的不断深入，浏阳农商银行经营管理层也开始了新一轮的思考。这是由于“四位一体”评级授信机制，自2008年启动以来，经过十几年的推广沉淀，已经处于评级授信面达91%、客户用信面达31%的高位运转水平。然而，国务院政府工作报告中提出“大型商业银行普惠型小微企业贷款增速高于40%”的工作目标，使大型商业银行加码小微金融，下沉金融服务，这昭示着一场农村金融市场的“肉搏战”已然到来。

根据国家相关政策，各大型商业银行将普惠目标锁定在一些小微企业，“掐尖”地给予支持，主要体现在贷款额度、利率优惠、金融科技等方面。大型商业银行规模大、资金成本低、科技实力强，在“掐尖”过程中，往往采用低利率贷款的方式，搞“精准授信”，挑选“好客户”“优客户”，将服务对象定位在抵押充足、信用良好、低风险的高附加值群体上，对于缺少抵押、征信空白、经营抗风险能力弱的中低收入群体关注不够。例如，浏阳农商银行地处西区某乡镇的支行就遇到了“大行”的精准“掐尖”。这家“大行”的客户经理对该地的村庄进行了“全面”走访，但走访对象基本上都是条件较好的家庭，他们比较热衷于与小微企业主、商户以及农场主打交道，而忽视了农业自雇者、创业大学生、脱贫不稳定户、边缘易致贫户等群众。据统计，该村已获取授信额度的1236户农户中，只有31户由这家“大行”所提供，户数占比仅为2.5%，而该村近98%的群众消费与生产经营资金和100%的扶贫资金都由农商银行提供。

近年来，大型商业银行凭借着自身的资金成本、信息科技等方面的优势，给农商银行经营管理带来了新的挑战。而农商银行受自身成本控制、风险控制等因素制约，如贸然做大型商业银行的追随者，大打价格战，则容易被带偏节奏，难以望其项背。在此背景下，浏阳农商银行不论是要实现破局增长，还是要坚守农村市场的主阵地，都迫切需要一种新载体或者媒介来充分巩固自身组织层级少、决策链条短、机制灵活性强的优势。

不可否认的是，“大行”的下沉造成了农商银行的部分客户流失，也对农商银行的服务提出了新的要求。如何让客户从“犹豫走不走”到“舍不得走”，再到“根本不会走”？在不断走访、调研过程中，一个大胆的想法逐渐在李寿树的脑海中成形，即以“金融村官”为载体，将服务范围扩大，让服务更加下沉，实现错位竞争。

与以往不同的是，“金融村官”的构想虽然起源于同业竞争，但其本质内涵却超脱了业务拓展的范畴。李寿树提出要将“金融村官”工作上升到服务人民、服务社会的高度。这种说法在一段时间里曾遭受到内部的质疑，不少员工认为“金融村官”过多地承担社会责任，反而会影响业务发展。

对此，李寿树有着自己的理解：在产品经济时代，各大商家通过宣传或渠道引流，吸引消费者购买产品；但随着海外代购、电商直播、粉丝经济等商业模式的兴起，信任经济变得越来越被大众所接受，以往以产品为核心的营销效率在逐步降低，基于人与人之间强连接的社群营销更富成效，换句话说单纯的降价大酬宾活动已经落后于时代，现在是社群营销的时代。

由此，李寿树提出了“不为业务而业务、跳出业务抓业务”的口号，将“金融村官”定位成“金融服务员”，而非“业务推销员”。在“金融村官”的定位明确以后，接下来摆在浏阳农商银行面前的是如何落地的问题。

浏阳农商银行的“金融村官”机制最初是在官渡镇试点。官渡镇镇政府门口有一副楹联——官清民自富，渡稳浪无惊。此联为元代大文豪欧阳玄（官渡人）题赠郡台的治县政略，各取“官”“渡”两字开头，一语双关，后成从政为官古训，流传至今。

六百多年后的今天，揣着为民情怀的“金融村官”在官渡镇正式落地生根。李寿树回忆起当时与官渡镇政府领导对接时的情景说道，整个交流沟通十分顺畅，在了解到“金融村官”服务百姓的定位后，时任官渡镇党委书记更是当场表示，“金融村官”机制是普惠金融的有益尝试，更是农商银行服务百姓的真情行动，并强烈要求将“金融村官”试点地选在官渡镇。

“金融村官”“不市侩”的定位让官渡镇政府表现出了极大的兴趣。在进一步的接洽交流中，李寿树提出了“金融村官”“五四三二一”的工作原则，此原则被官渡镇政府高度认可并采纳。中共官渡镇委员会下发《关于实施“金融村官”的工作方案》文件，进一步明晰“金融村官”的职能、任务、纪律等内容：

1. 承担五大职能

（1）解决“三农”贷款难题。通过加强村与农商银行对接，主动搜集、掌握金融需求信息，及时反馈解决金融服务诉求，帮助破解抵押担保难题，准确、及时、便利地将信贷资金投向“三农”领域，全面增加“三农”金融供给。

（2）金融知识宣传。多渠道、多形式、多层次讲授金融知识课，向村（社区）支村两委、村民小组、广大村民普及存贷汇、预防非法集资、防金融诈骗等基础金融知识，全面提升“三农”金融市场参与度。

（3）培育新型农业经营主体和新型农民。对农业新型经营主体、农村专业大户和重点企业等进行摸底调查，发现对接一批农村优势产业、重点企业和规模农户，对管理完善、产品对路、发展前景好的进行大力培育，实现“一村一品”，全面推进农业产业化、特色化进程。

（4）金融扶贫帮困。结合“认领微心愿、争当圆梦人”活动，落实金融精准扶贫要求，用好用活扶贫小额信贷政策，加强建档立卡贫困户金融帮扶力度，全面助力打赢脱贫攻坚战。

（5）推进信用镇和信用村创建升级。积极培育和发展信用村，大力倡导诚实守信。积极维护创建成果，对已评定的信用村，落实各项金融支持政策，不断擦亮“信用镇”“信用村”的金字招牌，着力淳化乡风民风，全面营造良好的农村金融生态环境。

2. 肩负四项任务

（1）结合所在村“党建+微网格”联户工作情况，全年走访农户不少于200户。

（2）全年讲解金融知识课不少于5场。

（3）全年落实扶贫小额信贷20户以上。

（4）全年发展培育规模农户、专业合作社、龙头企业等新型农业经营主体5户以上。

3. 遵循“三不”纪律

（1）不挤占村级编制。“金融村官”由农商银行指派员工担任，不是参公人员或视同参公人员，不挤占村级管理行政编制。

（2）不享受任何报酬。“金融村官”均为农商银行正式员工，由农商银行给付相关待遇，不享受各级各部门任何报酬。

（3）不增加村级负担。“金融村官”自行解决吃饭住宿问题，严格遵守作风建设要求，不接受任何请吃或者馈赠。

4. 实行“双向”考核

（1）镇村考评。由镇村进行日常督查考核。

（2）支行考核。由派出支行制定专门考核办法，考核“金融村官”具体目标任务完成情况，并向镇村两级通报。

5. 围绕一个核心

围绕乡村振兴战略这一战略核心，推动普惠金融全面落实到基层，打通金融服务群众的“最后一公里”。

2020年4月28日，浏阳市官渡镇政府举行“金融村官”选聘启动仪式，当时的浏阳市人大常委会副主任、市金融事务中心相关领导、官渡镇党委书记以及镇长等悉数出席仪式。

会上，官渡镇人民政府下发聘书，聘任7位“金融村官”，现任浏阳农商银行副行长姚斌也在此次受聘之列。当时，姚斌在官渡支行任支行行长，当领到沉甸甸的聘书时，他的内心既激动不已又忐忑不安。用他自己的话说：“这是一种肯定，更是一份责任。”

“金融村官”机制试点选在了官渡镇，从无到有，没有经验借鉴，要建立一套“金融村官”的实操机制，难度可想而知。身为支行负责人的姚斌既要摸着石头过河，又要敢于涉入深水区。在逐步的摸索过程中，他总结出了一套“土办法”，即“一早三勤”，其中“一早”指的是走访早，“三勤”就是嘴勤、腿勤、手勤。

“农户起得早，要想碰上面，我们就要比他们更早。”一开始走访屡屡“碰壁”后，姚斌总结出这样一条经验，并带动官渡支行的“金融村官”早起下乡。通过以上率下的示范引领，这位早起的“金融村官”慢慢地在同事、村委、政府间打响了名气。

姚斌驻点的观音塘村地处偏僻，是离官渡集镇最远的一个村，村干部一开始都对“金融村官”工作将信将疑，以为只是“一阵风”。但当他们看到姚斌保持每周至少两天的履职时间，深入田间地头，了解农民金融服务需求，真正把农民当家人对待之后，村干部无不竖起大拇指，并笑称这个“金融村官”比村干部还“村”。

对于村干部态度的转变，姚斌也经常与员工分享：“‘金融村官’工作没有捷径，只能靠‘嘴勤、腿勤、手勤’这些笨办法，多与农户打交道，多为农户解决问题，你用真心对他们，他们自然会真心对你。”

“金融村官”不仅在帮扶贫困户上有成效，在扶持产业发展、信用环境培育、反电诈反洗钱等方面更有作为。在以种植紫薇花闻名的田郊村，“金融村官”组织花木产业发展座谈会，邀请林业、农业、银行等专家分享经验，共同为村级花木产业的发展保驾护航；在竹联村，“金融村官”

组织开展金融知识讲座，积极开展“金融知识送下乡”活动，将与居民生活息息相关的社保卡、防范电信诈骗、个人信用等知识及时传递给农户，提升村民金融素养。

官渡镇试点的成功，进一步验证了“金融村官”“五四三二一”工作方案的可行性。浏阳市委组织部表示，将在全市推广官渡试点经验，打造“金融村官”机制。

官渡镇“试点”刚过去两个月，中共浏阳市委基层党建领导小组下发《浏阳市“‘金融村官’进万家，助力‘一门式’全覆盖”专项工作方案》，成立包括市委基层办、农业农村局、金融事务中心、中国人民银行浏阳支行、浏阳农商银行在内的工作推进小组，在全市范围内指导、协调、督促“金融村官”落实，同时明确“金融村官”由浏阳农商银行工作人员担任，各乡镇（街道）根据实际需求安排到村，从事基层公共金融服务并协助驻点村（社区）开展相关金融工作。

短短一个月时间，“金融村官”机制覆盖了浏阳市32个乡镇街道，引起了社会各界的广泛关注与期待。“金融村官”不仅通过下沉金融服务，聚焦“三农”需求，精准发力，为地方经济发展提供金融支撑，还通过开展信用乡镇建设、金融知识宣传等，为基层社会治理贡献了力量。

## 第二节　借网管网有奇效

管理本质上是一种实践。每一个机制的建立注定都是不断探索、反复尝试的过程。“金融村官”机制当然也不例外。

经历过新冠肺炎疫情的大考之后，基层社会治理上升为国家战略。浏阳市委创建“党建+微网格”工程，推动基层党建与社会治理同频共振。

市委对于基层社会治理体系建设的高度重视，使李寿树看到了“金融村官”工作的结合点。

此时的李寿树正在思考一个问题——如何让263位“金融村官”更加通畅高效地服务浏阳本土42万户居民家庭？而“党建+微网格”机制让他找到了突破口。浏阳“党建+微网格”机制是通过党员联户的方式，将力量、资金、管理、服务等下沉至微网格，从而提升基层社会治理水平。

浏阳有32个乡镇（街道），近42万户居民家庭，政府管理压力很大。于是，浏阳市政府按照“就近、就便、就熟”的原则，综合考虑各村（社区）所辖范围、人口数量、居住集散程度、党组织设置和分布等情况，因地制宜将全市划分为3.2万个微网格。每个微网格原则上由一名党员担任微网格长，每名微网格长联系10~15户居民，最多不超过30户，做到户户有人联、有人管。

如果263位“金融村官”直接服务浏阳近42万户的居民家庭，平均每人要负责近1600户的任务，不仅管理难度大，服务也很难跟上。但是如果263位“金融村官”先对接浏阳市3.2万名微网格长，平均每位“金融村官”负责联系120余位微网格长，再通过微网格长等基层治理体系人员对网格内的村民进行延伸服务，不仅每位“金融村官”的工作效率会得到提高，其针对性也会更强。李寿树提出要让每位金融村官“走出去”，每人帮扶10个以上的新型农村经营主体，拜访100位以上的重点客户，维护1000名以上的授信客户。“1名金融村官服务1000多位客户，服务得过来吗?”社会上也不乏疑问声。李寿树斩钉截铁地回答：“服务得来!”他的“法宝”，在于“借网借力”：“一个‘力’来自基层治理网格，另一个‘力’来自互联网的金融科技。”基层治理网格为金融村官履职提供了支撑力。浏阳农商银行积极融入“党建+微网格”等基层治理体系，与微网格长联合开展工作，将金融服务渗透到了社会治理的边边角角。如今浏阳市每一个村都有政府派驻的微网格长，金融村官借助微网格长的辐射作用，以点管网，以点带面，极大地提升了服务能力。互联网金融科技的飞速发展为金融村官履职提供了保障力。浏阳农商银行创新推出了多样化的线上金融产品，实现了客户业务的全流程线上化办理，降低了客户的时间成本。金融村官在这双重作用力的加持之下，履起职来自然胸有成竹、士气高涨，使得“1服务1000”成为可能。

在这种“借网管网”的思路下，浏阳农商银行明确了“金融村官”工作“五个全”的思路：

走访全覆盖。按照“定村、定格、定人”的网格化管理模式，先全面走访微网格长、“红管事”、楼栋长等基层社会治理体系的关键人员，再分阶段走访辖内全部村民家庭，通过抓住“关键少数”的方式，实现“以点带面”。

员工全参与。根据属地管辖优先、服务群众优先的原则，要求行党委班子成员百分之百联系一个村，支行行长和客户经理百分之百担任金融村官，总行员工百分之百担任金融村官助理，其余金融村官及其助理由大堂经理、委派会计等内勤人员担任。构建“‘金融村官’+‘金融村官’助理”的AB角机制，其中A角是主角，主要由客户经理组成，按照“金融村官”“五四三二一”的工作纲领进行履职；B角是辅角，主要由机关员工以及柜员组成，帮助“金融村官”上门走访、金融宣讲，形成“相互补位、相互配合、相互监督、相互促进”的工作局面。

活动全连接。积极参与村务工作，尽力解决村民关心的热点问题，解决“三农”融资难题，广泛开展普惠金融宣讲，大力培育新型农村经营主体，助推村级经济发展，持续推进信用镇（村）建设，为乡村振兴发展出谋划策。

服务全融入。利用微网格微信群等媒介，借助微网格下沉金融服务，不断做大“朋友圈”，构建与“三农”紧密互动的关系纽带。

考核全挂钩。将“金融村官”履职情况与评先评优、岗位晋升、奖励惩处等全挂钩，鼓励青年员工大胆实践，调动员工队伍的工作主动性和创造性。

“金融村官”的出现对农商银行来说是一轮价值回归的行动，实质上也是普惠金融的深化过程。对普惠金融的价值认同与否也决定了“金融村官”工作的成败。其实，在“金融村官”机制全面铺开的过程中已经暗藏着考验，既有外部的，也有内部的。

站在外部的角度来看，以前浏阳农商银行员工上户走访大多都是开展存款、贷款营销以及不良贷款清收等业务活动，其“业务推销员”的形象早已深入人心，群众对于“金融村官”机制不甚了解；一些基层政府部门干部也认为，“金融村官”是浏阳农商银行推销产品的幌子，根本不是帮助村民解决实际问题的“村官”。

对于浏阳农商银行内部，也存在不同的声音，部分员工认为“金融村官”是心血来潮的产物，就像一阵风，刮过去就没事了；一些员工对于“金融村官”的定位掌握得不透彻，上门走访还是热衷于业务营销，有的年轻员工甚至不知道如何与农民打交道。

在李寿树看来，出现上述问题的关键在于员工思想，解决上述问题的关键在于价值认同。同时，只要内部问题得到解决，在“金融村官”长期持续的工作推进下，外部问题自然迎刃而解。李寿树认为，形成价值认同的最好方式在于言传身教。于是，他在全行组织了为期8个月、共75场次的“金融村官”系列讲座活动，让高管、中层干部当好内训师，专题讲述金融村官的职能与作用。

李寿树第一个走上了内训课堂，与员工们探讨“为什么要推行‘金融村官’机制”。他和员工推心置腹交流，将“金融村官”机制的诞生背景、思考过程、战略意义等娓娓道来，并将其概括为“推动发展的大战略、统筹工作的总抓手、激发活力的新动能、打造品牌的支撑点”。特别是他在内训课堂上讲的一段话，更显现出这位资深农信人的情怀：

遥想浏阳农信社艰苦创业之时，前辈们头戴一项草帽、身着一身便装、脚下一双解放鞋，进村入户狗不叫，背着朴素无华的挎包行走于田间地头，真正将金融服务送进了千家万户。现如今，浏阳农商银行资产规模变大了、工资待遇变好了、科技力量变强了，但我们“背包银行”的敬业精神却减淡了，更有甚者还存在着“钱多钱少没关系，只要任务不沾身”的消极怠工思想。推行“金融村官”，就是让我们找回初心、转变思想、扭转作风，就是让我们从解决农民问题中收获成就感与幸福感，有利于进一步夯实农村金融市场基础，拓宽获客渠道，发现一批优秀的青年员工，打造一支“业务精湛、作风优异、实干有为”的员工队伍。

经过反复的内训授课，浏阳农商银行的员工对于“金融村官”的战略意义更加清晰明了，充分认识到“金融村官”工作是“小经历大收获”“小服务大作为”。正如一名“金融村官”在工作日记中写下的那样：

“金融村官”的一天即将落下帷幕，伴随着落日晚霞，我行走在乡间小路上，思绪也随之飘向远方。“金融村官”的职责到底是什么？是不是仅仅为了调查了解客户资产负债情况，推广营销金融产品？我觉得不是，我们应该有更高的追求。“金融村官”是联系政、银、农三方的金融纽带，是打破信息不对称的有力武器，我们要以解决客户困难、普及金融知识为出发点，躬下身子、放下架子，想客户之所想，忧客户之所忧，在推动党建共创中收获百姓口碑，在践行普惠金融中改善民生和金融生态环境。

“金融村官”上任三把火，这团火不仅是我们干事创业的热情之火，是我们服务“三农”的情怀之火，更是我们传递温度的奋斗之火。我们心头熊熊燃烧的这团火，提醒着我们每一位农商人，无论我们走了多远，都不能忘记来时的路，更不能忘记为什么出发！

## 第三节 赋能乡村振兴

2021年2月21日，《中共中央 国务院关于全面推进乡村振兴加快农业农村现代化的意见》，即2021年中央一号文件发布。这是进入21世纪以来，第18个指导“三农”工作的中央一号文件。文件聚焦巩固拓展脱贫攻坚成果同乡村振兴的有效衔接，标志着“三农”工作从此进入全面推进乡村振兴的新发展阶段。

迈入新时代，乡村振兴依然是每一位中国人的历史使命。浏阳农商银行以“金融村官”为载体，融入基层社会治理、民生、扶困等各个方面，为乡村振兴蓄势赋能。

“金融村官”到底要当成什么样？李寿树表示，“金融村官”就是要当成“李书记”那样！

“李书记”叫李曼，是浏阳农商银行的一名普通退休员工，她在浏阳农信系统整整工作了28个年头。2018年3月，李曼经市扶贫办任命派驻大瑶镇鑫和村，成为精准扶贫工作驻村工作队队长，也是该村的第一书记。在鑫和驻村帮扶的三年时间里，上至村支两委干部，下至建档立卡贫困户，无不对她赞誉有加，村民们都尊敬地称她一声“李书记”，远远看到李曼的身影，都会主动邀请她进屋喝茶休息。

李曼一直都在浏阳农商银行的柜面条线工作，从未担任过客户经理，也未任职过管理岗位。她怎么会有这么大的魅力？靠的就是三句话：靠实干诠释责任担当，靠真情换取村民支持，靠服务赢得群众口碑。

“一件件平凡的小事绘就了‘李书记’的质朴底色，‘金融村官’的最高境界就应该像李曼同志一样。”李寿树表示。他认为，“金融村官”“不为业务而业务”的出发点，反而会促进农商银行业务的发展；这种促进作用不是利益相关，而是水到渠成的。在鑫和村，李曼成为浏阳农商银行的一张“活名片”，村民都信任李曼，拥护李曼，更会支持李曼的工作，因此其他银行很难进驻其中挖业务。

李曼成为浏阳农商银行全体“金融村官”的榜样，其背后有着更为深刻的原因。值得注意的是，在数字化时代的人力资源配置问题将成为银行业金融机构必须面对的挑战。随着信息技术的日新月异发展，金融科技会帮助银行节省很多人力资源，以前劳动密集型的工作将越来越多地被大数据模型、人工智能所替代，像微众银行、网商银行50％以上的员工都是科技类人才。然而对于农商银行这种传统银行，怎样发挥剩余人力的最大效率？“金融村官”不失为一个方向。

与之而来的，也有一些质疑声。特别是在城镇化高速发展的当下，部分农村产生了土地空置、人口流失的问题，一些村庄由于缺乏产业支撑、资源匮乏、交通不便等因素，导致村中留守的大多是老人、妇女、儿童，正面临“空心化”的挑战。让“金融村官”下沉到这些村，很难走访到潜在客户，无疑是“巧妇难为无米之炊”。在谈及“金融村官”现阶段面临的这些挑战时，李寿树表示，“金融村官”肯定会面对青壮年劳动力外出务工、村中大多是留守老人儿童的问题，但是我们“金融村官”的首要信条就是“先利他、后利己，最后实现双赢”，不是说产业发展好的村子，我们就认真做“金融村官”，产业发展不理想的村子就放弃。他认为，推行“金融村官”是一种农商银行应对市场竞争的商业行为，更是一种服务群众的社会责任，不要只看着眼前既得利益，而是要将视野放宽、目光放远，要有“别人不做的我们来做”的担当意识。一方面，我们可以推行延伸服务，利用线上技术，发挥熟人优势，加强与浏阳在外务工创业人员的交流联系，建立向外扩散的服务体系，实现亲情链上的营销；另一方面，可以帮助村级发展特色产业，增加村集体经济收入，提升乡村吸引力，吸引更多人来到乡村、留在乡村、建设乡村，从而创造出更大的业务发展空间。特别是随着国家乡村振兴战略的不断向前发展，未来农村的发展势头将更好，农民的生活水平将更高，农村产业和人居环境将更优，“金融村官”助力乡村振兴将大有可为。

“金融村官”就是身处“小舞台”，却要有“大作为”。在浏阳有一处网红打卡点——集里桥夜市，最开始这里只有几位老人家摆摊卖菜，而后逐渐发展起来，现在已经成为十分具有“烟火气”的夜市场所，凉粉、臭豆腐、烧烤、饮料琳琅满目、一应俱全，数不清的市民在这里散步、购物、享受着热闹和美食。然而，集里桥夜市工作人员却为5元钱犯了难。原来是因为社区为了更加规范摊位管理，聘请了专业保洁员打扫夜市卫生，而每位摊主只用每天交5元钱的卫生服务费，既节省了自己搞卫生的时间，又提升了环境卫生水平。这本是一件“双赢”的事情，但由于夜市是自发形成的，不是大市场，没有工商许可证，所以不能开立对公账户。同时，商户是流动的，如果每次都是转账到个人账户，再汇总起来，烦琐且不方便对账。在得知情况后，“金融村官”便主动请缨，拿出了解决方案，为夜市办理了“口袋零钱”收款码，彻底解决了对账难的问题。集里桥夜市自治委员会会长深有感触道：“现在卫生服务费收款用农商行的二维码就可以，十分方便!”

“金融村官”如何助力乡村振兴？其实就是去发现、解决一个又一个“5元钱的烦恼”。“以前我们做农户小额信贷，走村串户、搞整村授信，主要是去采集农户个人家庭信息，建立农户信用档案，对农户进行评级授信。”李寿树解释道：“2020年推出金融村官机制，对农户小额信贷评授信的职能仍然有，但更重要的是，除了基础信贷服务外，我们与地方政府联合，将金融服务融入基层社会治理，体现的是公益性和社会性的服务。我们把银行与老百姓的关系，从简单的信贷关系，转变为更有黏性的服务关系，通过承担更多社会责任，赢得老百姓的信赖和认可，进一步放大农商行的人熟地熟优势；也让青年员工能够走进去，去了解农村，了解农民，反过来促进业务发展。"

如何更好地发挥"金融村官"机制的效能，大力实施湖南农信普惠金融战略，并以此助推乡村振兴发展，更好地为老百姓解决实际问题，李寿树有着自己的思考。他认为，只要群众夸我好，业务就会发展好。今后，浏阳农商银行"金融村官"机制要以"线下网格化管理、线上数字化转型"为导向，打造"一员四链"的服务模式：

"一员"即以"金融村官"为抓手，当好普惠金融排头先锋。

乡村怎么振兴？人是第一要素。面对乡村振兴国家重大战略导向，浏阳农商银行派出员工担任"金融村官"，成为全市各个村（社区）的乡村振兴专员，与"三农"靠得更近、贴得更紧、走得更亲。

（一）织好一张人熟、地熟的信息资源网。"金融村官"不断加大与乡镇街道党委、村支两委的对接力度，深入农民群众之中，就像人体的毛细血管一样，结成了一张张密集的网，将金融血液输送到每村每户。通过织好一张人熟、地熟的信息资源网，广泛接触村民，帮助解决问题，建立深厚感情，发挥机制灵活、网点和人员众多等优势，解决信息不对称问题，优化资源配置，实现对风险的精准识别和持续管控，最终赢得客户、赢得市场。

（二）建好一个以人为核心的数据库。农商银行大数据的关键是农村大数据，由于农村信息不对称的程度比较高，一些关键数据往往缺失，需要大量人力进行线下采集，成为互联网难以触摸的数据死角。而"金融村官"在进村入户中，可以有效摸清村组底子，收集整合客户基本信息，建立客户黑白名单、资源库、数据库，通过数据发掘潜在客户、新客户，推进以人为核心的金融服务。

（三）树立一个有温度的"金"口碑。坚持做农民的"贴心人"，从满足"三农"最关切的需求做起，全面掌握农业知识、产业特征、乡风民俗，积极参与村级会议，通过线上、线下媒介，把金融服务、知识、产品和人文关怀送到农民身边，用真情实意换取群众的“金”口碑。例如，“金融村官”得知一村民家养土鸡滞销后，主动帮助在网络平台、朋友圈宣传推销，帮村民销售土鸡120余只。事后，村民握着金融村官的手说：“没想到你这个伢子这么实在，太感谢了！”同时，还有一些金融村官协助村社区举办重要活动，受邀担任村民婚礼的证婚人、村干部选举的监票人，参与社区反电信诈骗行动，在践行社会责任中收获了群众的信赖，助推了农商行业务稳健向好发展。

通过“四链发力”助推乡村振兴高质量发展。

（一）搭好党建链，让乡村组织“强”起来。与地方政府、商会、专业合作社党组织结成党建共创关系，与共创党支部开展主题党日、金融夜校、微心愿等活动。在村（社区）便民服务中心及商业集聚地设立具有综合金融服务功能的“福祥e站”；推出“口袋零钱”移动支付产品，为全市所有基层卫生医院、城乡公交，以及超过九成以上的中小学校提供移动支付服务，构建点面结合的金融服务乡村振兴格局。

（二）聚焦产业链，让乡村经济“活”起来。坚持支持实体，注重信贷投向，稳住粮食生产，做强特色产业，升级传统行业，加强园区服务，加快产业链优化，培育新型主体，推动一二三产业融合发展。开展“百名金融村官帮千企”活动，重点扶持了10家村级集体经济组织、100家集团企业、1000家小微企业、10000家规模农户。

（三）创新服务链，让乡村农民“富”起来。在产品创新上下功夫，创新绿色贷、科创贷、人才贷、家庭众创贷等产品，重点支持绿色型、科创型、智慧型、先进制造业企业。在减费让利上下决心，出台“九免一补”减费举措，免去客户借记卡自助银行跨行交易手续费等九项费用，并根据相关规则，补贴客户的微信提现手续费。

（四）深耕文化链，让乡村环境“美”起来。构建以诚实守信为核心的社会诚信文化。实施信用村星级管理，根据星级评定结果，推行“贷款优先，利率优惠，额度放宽”的“三优惠”举措，营造了“社会诚信、客户守信、银行愿贷、协同发展”的乡村诚信环境。构建以金融宣讲为推手的普惠金融文化，让青年员工沉下心来扎根基层，在服务乡村振兴中实现价值，传递温度。

2021年9月16日上午，2021年度“金融村官”工作总结大会在浏阳农商银行总行召开，浏阳市委组织部领导出席了此次会议。会议发布了《浏阳市“深化‘党建+金融村官’机制，助力乡村振兴示范建设”工作方案》，该工作方案的实施时间为2021—2023年，内容聚焦在“投入更多”“服务更优”“环境更好”“费用更省”四个方面，计划通过三年时间，实现农户有效贷款覆盖面达45%，对绿色制造业、科创型制造业中小微企业评级授信面达100%的目标，持续助力乡村振兴。

唯有脚步为亲，方显农信本色。金融安全区是浏阳的第一张金融名片，农房抵押贷款是第二张金融名片，农户小额信用贷款则是浏阳的第三张金融名片，而“金融村官”已然成为浏阳的第四张金融名片。

# 第四篇 ►

# “稳”才能致远

银行是经营风险的特殊企业，防控风险是银行业的永恒主题；对于农商银行来说，风险防控注定是一场持久战，必须要打消应付、侥幸、厌战心理和消极心态，坚持稳字当头，推进高质量发展。毫无疑问，金融与经济是相辅相成的，金融风险防控的持久战不仅关乎农商银行自身，更关乎市场经济的正常运行，关乎千千万万小微客户的融资机会，关乎整个国民生活质量水平。因此，农商银行必须对金融市场科学精准实施宏观调控，把握好尺度，以避免一些潜在的风险因我们操作不当而被释放，对经济和金融市场带来不利影响。

浏阳农商银行多年来的做法归纳来讲就是“四稳”理念。一是稳住方向，坚守服务“三农”的初心不放松；二是稳固根基，紧扣基础客户、基本制度、基层班子搞好“三基建设”，巩固“三农”市场，苦练内功谋发展；三是稳定质量，依托强大的人缘地缘“关系网”，将风险控制工作做到极致；四是稳获商誉，刀刃向内敢于担当，树立浏阳农商银行“百年老店”的品牌形象。这反映出浏阳农商银行的“稳”字，是从多个层面入手、多种方式施行、多条渠道实现，举措扎实，方法得当。

当前，农信系统风险防控工作面临诸多的挑战。一方面是内有提质增效的考验，外有市场的激烈竞争；另一方面是长期以来，风险防控工作在顶层设计、专业技术、制度办法、人才队伍等方面存在一些先天不足，实现低风险稳健运行还任重道远，正处在攻坚克难、爬坡过坎、巩固深化的阶段。当然，浏阳农商银行在多年的实践中探索出的那些行动方式、总结出的一些经验，让大家看到，在化解风险方面，还是可以且应该有信心的，也是能够探索出办法的。

毫无疑问，金融体系的稳定发展是经济发展、社会发展的重要基础，金融一线的从业人员都应该自觉把防范和化解金融风险放在首位，切实增强底线思维和忧患意识，统筹抓好发展和安全工作，严格贯彻落实各项监管政策和要求，采取强有力的措施和办法，坚决守住不发生系统性金融风险的底线，最大限度地减少影响社会稳定的因素，缓释和降低经济运行压力。

要在国际局势风云变幻的大背景下，在金融企业、实体经济都面临的重大发展任务面前，保持难得的定力和敏锐的洞察力，严密防控金融风险，需要的是农信团队紧跟国家发展战略，坚守服务“三农”初心，融入地方发展潮流，切实推行合规经营，为农信事业持续健康发展打下坚实基础。

# 第十二章　稳住方向：一张蓝图干到底

— 火车头跑出了“加速度”

— 踩准步点与时俱进

— 代代传承的农信精神

## 第一节 火车头跑出了“加速度”

“火车跑得快，全靠车头带”。这句话常用于阐述一家企业“领头雁”的重要性，其能决定一家企业方向对不对、走得稳不稳、发展得好不好。即便如今，绿皮火车发展到高铁动车，车头带动进化成全轮驱动，但列车依然只有一个核心——牵引控制系统。这句话同样适用于浏阳农商银行，因为其发展壮大同样离不开历届班子的引领带动与坚守。浏阳农商银行历届党委班子不随波逐流，不标新立异，既不信誓旦旦，也没有豪言壮语，只是稳稳地驾着航船，朝着该走的方向坚定前行。浏阳农商银行历届党委班子各具特色、各有所长，但细数之下，有些特别的共性，让他们虽然处在不同的发展阶段、面临不同的境况，都能理念相通、方向一致，进而带领企业攻坚克难、传承发展。

2012年，浏阳农商银行代表湖南农信系统接受中国银行保险监督管理委员会①现场检查，在国检结束后，检查组领导对着时任董事长罗成林开玩笑，“你就是一个地地道道的农民董事长”。无独有偶，2010年3月，《中国农村金融》杂志《一家强壮的中小银行》一文中，形容罗成林“淳朴如老农”。实际上，从黄贤春到罗继红，从罗成林、邓来发再到李寿树，浏阳农商银行历届党委班子的“班长”都是农民出身，经历过那些“面朝黄土背朝天”的农耕岁月，品尝过乡村生活艰苦奋斗的点点滴滴，农村在他们身上镌刻下了深深的印迹。

因为经历，所以理解；因为理解，进而共情。由于贴近泥土的芬芳，见证了农民的艰辛，理解了农村的状况，在进入农商银行工作、特别是走

① 中国银行业监督管理委员会、中国保险监督管理委员会已于2018年合并，合并后为中国银行保险监督管理委员会，此处使用合并后的名称。

上领导岗位后，他们更加笃定。农信社、农商银行因农而生，因农而兴，与农民血肉相连、情感相交，与“三农”利益相通、命运与共。服务“三农”，不仅是工作上的责任，更有一种情感上的驱动。因此，在发展起步的阶段，浏阳农信才能再次“脱鞋下田”，选择相信农村才是求生土壤，走出“一家企业搞死几家农信社”的深渊。在鲜花着锦时，浏阳农商银行没有“洗脚上岸”，反而执着坚守、下沉农村阵地，全面推进“金融村官”。这种扎根乡土的情怀，让农商银行与“三农”始终不离不弃，前行的方向更加不偏不倚。

2019年9月1日，李寿树被任命为浏阳农商银行党委书记。在第一次全行会议上，他分享了一番肺腑之言，他说：“作为一个土生土长的浏阳人，在浏阳农信工作三十多年，见证了从农信社到农合行再到农商行成长壮大的历程，能够继续为我行发展服务、带领全行上下为地方百姓服务，是我的荣耀。我能做的，就是团结带领大家，把农商行的文化提炼总结好，把客户基础打牢一点，把家底做实一点，站好岗，交好班。”言必信，行必果。浏阳农商银行近年来也是按照他的整体工作谋划，一步步推进落实。

“功成不必在我，功成必定有我。”这是一种着眼长远的利益观、政绩观，反映了一种境界、一份担当。罗马不是一天建成的。浏阳农商银行的发展，凝聚着几代人数十年的心血奉献。浏阳农商银行是幸运的，因为在波澜壮阔的发展历程中，他们的领路人，想“利长远、打基础”的事多一些，做“看眼前、唯任务”的事少一些；想“提质量、增效益”的事多一些，做“重规模、求速度”的事少一点，不断为农商银行夯基固本。他们中，有的整肃队伍，狠刹歪风，在作风建设上正本清源；有的支农支小，评级授信，在基础客户上深挖广植；有的传承发扬，创新提高，在拓展市场上担当作为；有的立足当前，规划长远，在战略布局上殚精竭虑。一代一代接力，一点一滴积累，一步一个脚印，让浏阳农商银行厚积薄发，行稳致远。

在浏阳农商银行，机关员工上下班是不打卡的，也没有制度机制保障。劳动纪律全靠全员自觉遵守。多年来，不但工作日没有迟到早退现象，不少人周末、节假日还自觉加班。这种习惯的养成，不靠制度约束，没有激励机制，靠的正是党委班子的示范引领。以最近三任“班长”为例，罗成林，经常晚上九十点依然在办公室谋划思考；邓来发，家住70公里外的星沙，无论风霜雪雨，早上7点半之前必到办公室；李寿树，员工都说，一年三百六十五天，有三百六十天在单位里。正是这样的小细节，起到了“上行下效，景行行止”的效果。

“其身正，不令而行；其身不正，虽令不从。”作为党员领导干部，一言一行，一举一动，员工都看在眼里、记在心里，并有一杆秤在度量，因而往往身教更胜于言传，说一千道一万，不如冲锋在前带头干。凭着对农信事业的一片赤诚，对农信工作的务实勤勉，对业务经营的细致管控，对个人行为的自律自重，历届班子以身作则，感召引领，员工保持一致，应者云集，大家“相互搭台，好戏连台”，在普惠金融的康庄大道上坚定前行。

## 第二节　踩准步点与时俱进

顺应时势才能乘势而上，踩准步点才能与时俱进。浏阳农商银行多年来持续稳健发展，得益于审视经济金融共生共荣关系，顺应时代脉搏，把握形势变迁，在恰当时机作出正确的选择，在紧要关头采取果断的行动。如前文提到的，由浏阳市政府主导、浏阳农商银行力推而形成的浏阳金融市场“四张名片”，正是基于对宏观政策的深入研究、对经济趋势的敏锐判断、对“三农”实际的深刻认知，作出了关键的战略抉择，企业因此享受了政策红利，步入了发展的正确轨道。

1997年，亚洲金融危机，给我国金融业发展带来许多警示。面对金融发展短板，国家更加重视金融安全工作，并于1999年7月开始试点个人征信体系建设。在此背景下，浏阳市人民政府高瞻远瞩，全力争创全省首个县级金融安全区，着力整治社会信用环境，掀起了一场社会信用环境整治集中攻坚战。此举使整个浏阳社会诚信环境有了根本好转，诚信意识开始深入人心，促进了浏阳金融业蓬勃发展，也扩大了浏阳农信联社的品牌影响力。

2001年，我国成功加入世界贸易组织，外向型经济迎来了黄金机遇期。浏阳尽管当时刚刚摘掉贫困县，但地方支柱产业——鞭炮烟花产业的商业化程度较高，是出口创汇的最主要来源。当时，国家对烟花产业管理日趋严格，安全标准大幅提高，行业整合、产业转型催生了大量的外部融资需求，加之对农村合作基金会强化了资金清理，烟花企业贷款艰难，形势严峻。为扶持烟花产业稳定健康发展，浏阳市委、市政府大胆突破政策限制，对烟花企业集体土地厂房给予确权、颁发产权证，并可办理贷款抵押登记。作为贷款主体，浏阳农商银行积极响应，主动对接，首创农房抵押贷款业务。作为一项全新、充满争议的业务，开办之初，对于其风险谁都不敢打包票。但本着强烈的社会责任感，本着勇于承担风险、勇于创新的精神，浏阳农商银行鼓足探索的动力和勇气，创新推出并发放农房抵押贷款，开辟了农民资产进入金融市场的担保通道，为信贷业务拓展提供了强有力支撑。

2006年，按照监管政策要求，农信社村级业务代办站彻底退出市场，由于人员和网点难以及时补位，出现了支农力度短暂性减弱的现象。

2008年，罕见的冰雪灾害突袭湖南，农业、林业、牧业和农村基础设施遭到严重破坏，农业和企业经济损失巨大，随后的灾后恢复生产催生了强烈的金融需求。有鉴于此，以金融生态环境为支撑，秉持服务“三农”

的强烈使命，2008年11月，浏阳农商银行主动对接浏阳市委市政府，推进“政府主导、银行联动、村组推进、农户参与”的四位一体的评级授信机制，对全市30多万农户进行信息采集、评级授信，实现农户贷款“一次授信、随到随贷”，小额贷款像取存款一样方便。以评级授信为载体，编织了一条紧密联系党政、农户与银行的金融纽带，培育形成了新型银政、银农关系，助推了经济金融的良性发展，奠定了浏阳农商银行“小额分散、稳健经营”的基本方向，开启了靠基础客户支撑，走普惠金融道路的全新征程。

2020年是全面建成小康社会目标实现之年，是全面打赢脱贫攻坚战收官之年，是基层公共服务（一门式）全覆盖推进之年，从中央到地方，各级党委政府都把“三农”工作当作重要核心工作来抓。为深入推进乡村振兴战略，以落实湖南省委组织部《推动基层公共服务（一门式）全覆盖省直相关部门实施方案》为基础，浏阳农商银行彰显“农村金融主力军、地方金融排头兵、普惠金融领跑者”的担当，主动对接市委市政府，在全市各村（社区）推广“金融村官”，主动为老百姓解难题、办实事，赢得了地方党政的点赞和老百姓的真心拥护。在此之中，浏阳农商银行也完成了继续下沉服务、深耕本土的重要战略布局，只待把这项事关发展的大战略，真正久久为功地坚持，驰而不息地推进。

农商行走什么样的道路，往什么方向走，选择什么样的方式走，要因地制宜、因时制宜，绝不能背离经济与金融的关系。从金融的角度看，经济是金融的肌体和源头，经济工作是金融工作的基石，经济工作好不好直接决定金融工作好不好。从经济的角度看金融，金融是经济的血脉和活水，是经济活动的重要资源，经济调节的重要杠杆和经济生活的重要媒介。浏阳农商银行树立金融为经济服务意识，将自身置于浏阳发展大格局，主动分析经济形势，把握经济规律，利用经济政策，研究经济战略，才能够把稳方向盘，看清前行路，与浏阳经济相辅相成、共生共荣。

## 第三节　代代传承的农信精神

在浏阳有这样一户人家，祖孙三代都从事农信工作。爷爷付梓梅1982年从浏阳农信退休，儿子付贤君又接替在浏阳农信奋斗了近30年，如今孙女付雀燕也在浏阳农商银行工作。他们祖孙三代人为农信事业倾注了全部的心力，成为农村金融服务的“农信三代”。

说起付梓梅，在浏阳市官桥镇的老一辈乡亲中没有人不认识他，也没有人不说他的好，乡里乡亲隔着好远都要叫一声：老付，来进屋喝茶。老付是原官桥信用社的主任，浏阳官桥是他工作第一站，也是最后一站。他在这里工作了40余年，走遍了官桥的每一个村落、每一户人家，村里谁家发生什么事，谁家有困难，他都摸得一清二楚。说“走”遍了，这绝对不是夸张，在老付工作的那个年代，单车是稀罕品，老付从没有骑过一次，他走村串户靠的就是双脚。当时，信用社办公条件简陋，营业场所大多都是在人民公社里，一张办公桌，一个保险柜，两条凳子，几个算盘、账簿、印章，这些可能就是信用社的全部家当。老付每天蒙蒙亮就从家里出发，背着个黄布大口袋，装上“老三铁”（铁算盘、铁账本、铁笔），前往农户家办理业务，有时走得急，大布口袋里面的算盘、印章、笔颠簸翻转，发出咣当咣当的声响。因为全靠走路，再加之当时路途不便，老付每天都要晚上八九点才能到家，根本无法兼顾家里的农活。久而久之，家人也不太理解老付。怎么有人会那么“傻”？明明可以忙里偷闲，却天天按时按点上班，按时上班就算了还要给自己“加班”，简直难以理解。慢慢地这种“不理解”演变成了一种“埋怨”，家人们觉得老付只顾着为信用社工作，却忽视了自己的家庭。家人时有抱怨，可老付依然不为所动，他清楚地认识到自己肩上的担子有多重，乡亲们的衣食住行、经营生产甚至上学治病可能都离不开信用社的支持与帮助，怎么能说这份工作不重要呢？正是心中有着一种强烈的使命感，老付坚持这样“走”了40余年，走到了农户的身边，走进了他们的心里。

2005年，老付因病做了手术，身子骨变得虚弱起来。原来坐不住的他也不得不卧床休养。在知道老付得病的消息后，许多村民都自发地来看望他，陪他聊天，还送来了土鸡、鸡蛋、蔬菜给他滋补身体。其实老付的家人也觉得诧异，此时老付已经退休多年，在职时从未见过老付带回过任何的“土特产”，现在退休了反而收到了一堆又一堆。望着这些发自内心关心老付的乡亲，家人终于理解老付如此拼命工作的原因。

2008年10月28日，老付病重，临终前，他嘱咐儿子付贤君，表示自己最遗憾的是没有与官桥信用社告别，这是他为之奋斗一生的地方。付贤君遵照父亲的遗愿，出殡当日特意让送葬队伍在官桥信用社门前驻足停留，完成了父亲最后的心愿。

老付的儿子付贤君是原镇头信用社主任。在父亲潜移默化的影响下，付贤君对农信事业有着深厚的感情和责任心。他起初在官桥信用社工作，后又调至镇头辖内的北星信用社任职。而当时的北星信用社可以用“脏、乱、差”来形容，营业环境脏、经营管理乱、工作业绩差，仅1993年的亏损就达到了40多万元，是全市亏损最多的信用社。面对如此严峻的形势，在接手北星信用社后，付贤君开始着手整治，他与全体员工“约法三章”，要求员工做到“对营业场所坚持每天一扫、对不讲诚信的村民一律不借贷款、对成本支出一律从严从紧”。仅用了一年的时间，1994年北星信用社收入达到了198万元，顺利实现“扭亏为盈”；又过了一年时间，1995年北星信用社收入达到263万元，较1993年翻了一番还多。后来，付贤君又调到镇头信用社任主任直至退休，其间浏阳农信经历了数次改革，名称也多次更迭，但他始终记着父亲的叮嘱，踏踏实实地为“三农”服务，为老百姓解忧，牢牢坚守住了支农支小的初心。

付家三代农信人，父辈农信人爱社如家、爱岗敬业的精神，深深激励着付贤君，他教育同样在浏阳农商银行工作的女儿付雀燕一定不能给付家丢脸，要用真情实感、真抓实干为农信事业作贡献。付雀燕是浏阳农商银行财务会计部的员工，进入浏阳农商银行后，付雀燕在基层一线工作了整整20个年头，她同样继承了祖父辈、父辈们的踏实肯干的作风。在基层担任会计时，付雀燕专门负责服务乡镇的政府单位和小微企业，帮助代发工资、发放拆迁补偿款、粮食直补、退耕还林款等。虽然她经常需要加班，但却丝毫不敢怠慢，保证了每笔资金都按时按点、准确无误地发放到客户账户中。2016年通过进城选拔考试，付雀燕进入了机关稽核大队，后又调入财务会计部。财务会计部涉及全行的财务、会计、绩效考核等管理工作，工作压力大，担子也重，每到夜晚往往是灯火通明，加班成为常态。虽然工作辛苦，但付雀燕从不喊累，她觉得现在的工作环境和模式已经比父辈们好太多了，她会将勤劳、质朴、善良、正直的农信精神继承下去，发扬下去，传递下去。

古人常说，言传莫如身教。付家三代这种爱社如家的精神之所以很好地传承下来，家族氛围的感召在一定程度上起到了助推作用。农信精神的交接，正是在这父传子、子传孙的耳濡目染中代代相传，这是一种最原始的方式，也是最直接的途径。如今，农商银行的人才招聘有了新的监管要求，也更趋向于市场化，但是农信精神却没有因此暗淡无光，只不过原来的交接棒由有血缘关系的家人，渐渐替换成了朝夕相伴的同事，不是血缘关系上的家人，但更似一家人。湖南农信的“背包银行”精神在这薪火交替中而熠熠生辉。

最好的激励是什么？这是管理者时常思考的问题。清人钱德苍的《解人颐》，其中有首诗嘲讽人“欲壑难填”，就是无限制地追求“福禄寿喜财”。西方马斯洛需求层次理论更高一筹，把自我实现摆在了最高层次，并根据五种需求层次，创建了一系列以有效激励为目标的管理学理论。但翻开浏阳农商银行的发展史，在物质匮乏的年代，老一辈的浏阳农信人硬是靠着一份情怀、一股子精神，干出了不平凡的事业，这种情怀与精神，或以家风熏陶浸染，或以师徒传帮带授，不断积淀传承，历久弥新，激励全员坚守艰苦朴素、奋斗奋发之心，务实进取，开拓前行。

# 第十三章　稳固根基：真正的“内功”需要持久修炼

—敢于开辟新赛道

—制度至高无上，管理无小事

—创业有责，守业有责，拓业有责

浏阳农商银行清晰地认识到“稳固根基”的意义。对于农商银行来说，最重要的市场就是“三农”市场。这块浏阳农商银行诞生成长之地，同时也占据其业务份额绝大比重的市场，就好比浏阳农商银行这座大厦的根基。

大厦的牢固，在于根基扎实，浏阳农商银行显然做到了这一点。多年来，浏阳农商银行持续开展“基础客户、基本制度、基层班子”三基建设，找到“稳固根基”的清晰路径，持之以恒修炼自身“内功”。

## 第一节　敢于开辟新赛道

如今的农村金融市场，早已呈现多元化的竞争态势。浏阳农商银行的“三农”市场正面临着其他新入场竞争对手的挑战。对于市场竞争，浏阳农商银行不仅将视角放在同一赛道上的“竞速赛”，更着眼于开辟新的赛道，促进更大的差异化发展。

对于如何抢先发现新赛道，稳固自身的基础客户根基，浏阳农商银行的秘诀在于——想别人不去想的事，算别人不愿算的账，干别人不想干的事。

要大胆走出去，就是要坚持走一条属于自己的道路。2021年1月1日，浏阳农商银行微信提现返还手续费业务正式上线运营。凡是微信提现至浏阳农商银行的借记卡（含社保卡），只要卡账户的日平存款余额达到相应条件，浏阳农商银行将提现手续费全额补贴至原账户上。此举无疑是浏阳银行业界的一枚“炸弹”，“炸”出了令人注目的流量，牢牢抓住了众多客户的心。

微信提现返还手续费业务的想法源自一次市场调研，在这之前，浏阳农商银行也与其竞争对手一样，都在尝试开展微信绑借记卡业务，虽然开展了很多次活动，卡也绑了不少，但是资金回流的效果始终不明显。

与商户的日常交流中，浏阳农商银行意外发现了一个有趣的现象：由于微信提现需要承担1‰的手续费，许多交易流量较大的小微商户为了节省费用，宁愿将资金放在微信零钱，以备日后支付结算使用，而不愿意提现至银行卡，这就形成了微信账户内的资金闭环。部分客户微信账户交易金额较大，微信转账额度受限，不得不承担提现手续费。因此，浏阳农商银行萌生了一个大胆的想法，即客户微信提现费用由农商银行埋单。

“烧钱”一般是互联网公司快速抢占基础客户的手段。可在这场基础客户拉锯战中，浏阳农商银行的“烧钱”行为却显得异常果断。这背后蕴藏着变“弯道超车”为“变道超车”的智慧。

在此业务上线后的短短6个月时间里，浏阳农商银行微信提现笔数和金额分别较上年同期增长29%和67%。市场的高度认可以及爆发式增长，是浏阳农商银行没有料到的。

不仅如此，浏阳农商银行还收获了额外的惊喜。通过后台对客户微信提现数据的分析，浏阳农商银行精准挖掘出许多原本不显山不露水的高附加值客户。有一位专门从事水产行业的客户，其微信账户上的资金多达100多万元，据他说，因为微信提现需要手续费，而自己日常贩鱼又基本上通过微信扫码交易，久而久之形成了把钱放微信上的习惯。通过微信提现返还手续费业务的引流作用，该客户在浏阳农商银行的日均存款余额由原来的几万元增长为几十万元。

全国性银行机构网点繁多，客户群体结构更为复杂，犹如一个大家族，往往牵涉甚广，而浏阳农商银行始终立足在本土，多年的根基十分牢固，因而能够发挥自身“小灵快”的优势。据统计，微信提现手续费补贴返还业务上线以来，6个月时间里，浏阳农商银行由此多增日均活期存款10余亿元。值得一提的是，2021年，浏阳农商银行第三方支付绑卡量较上年同期多增42%。

## 第二节　制度至高无上，管理无小事

无规矩不成方圆。脱胎于农信社的浏阳农商银行，在制度完备性上有着先天不足，也因此吃过很多亏，付出过不少代价。正因如此，浏阳农商银行加倍发力制度建设，时至今日，不仅构建了一套完备齐全的制度体系，更形成了与之配套的流程系统。

1999年，当时的浏阳农信联社举全社之力，将全市信用社的各项管理制度，予以整理分类，并编撰成了第一本《制度汇编》。

2003年，信贷规范化管理成为当年的工作主题。以此为契机，浏阳农信联社对《制度汇编》进行修订，重点完善信贷管理制度，提升信贷管理水平。

2008年，在浏阳农村合作银行时期，《制度汇编》已经涵盖法人治理、综合、人力资源、财务、信贷、科技信息、内控管理七大类，对各岗位的操作行为、管理职责、监管要求均作出了具体明确的规定。

2010年至今，浏阳农商银行的《制度汇编》按照三年一修订的规律，按照流程优化、组织架构再造、体系建设以及“一项业务一个流程，一个流程一本手册”的要求，适应行业监管变化以及自身管理需求，不断完善业务制度及操作流程。不仅如此，浏阳农商银行还建立了全面风险管理体系，出台了全面风险管理战略规划，将全面风险管理作为制度建设的重要组成部分，筑牢前台、中台、后台相互配合的“三道防线”。特别是针对信用风险、市场风险、操作风险、流动性风险、合规风险、舆情风险等各类风险，浏阳农商银行搭建了风险管理组织架构，设立风险管理委员会，制定覆盖全部业务和管理环节的风险管理制度和程序，推动建立识别、计量、监测并控制的程序和机制。通过设立单独的风险管理部，牵头负责全行的全面风险管理，各部室明确一名负责人分管风险管理工作并设立风险管理岗位，配备专职或兼职人员负责本部门及本业务条线的风险管理工作，保证全面风险管理工作专人专职，逐步实现信用风险、市场风险、操作风险、流动性风险、合规风险、舆情风险等风险的统一管理。同时，在支行层级设立风险经理岗位，由总行统一选拔风险经理，实行总行垂直管理，专门从事所派驻网点的风险识别、计量、监测、分析、控制和化解等风险监督管理职能，全面提升了风险识别、计量、评估、监测、控制能力与水平。

更重要的是，制度的生命力在于执行。浏阳农商银行认为，制度如果只是写在纸上，挂在墙上，不仅不利于单位发展，更会让员工丧失敬畏之心。为了确保制度执行上下贯通，浏阳农商银行提出了“制度至高无上，管理无小事”的管理理念，把制度摆在了最高的地位。同时，在浏阳农商银行看来，制度执行不能单靠个人的自觉遵守，也不能完全指望同级和上级的监督检查，而是要将规章制度与业务流程相融合，有效避免了职责、流程的模糊不清。通俗地说，就是违反制度规定的行为无法进入下一步流程。以往，农商银行的制度管理与流程管理容易存在“两张皮”，但是在浏阳农商银行，制度管理与流程管理总是相互契合。由此带来的效率性与合规性提升是显而易见的，合规意识强的员工工作越做越轻松，而合规意识不强的员工工作经常受阻，反过来促使其改进工作方式，增强合规意识。

正因为实现了制度、流程的两者统一，浏阳农商银行建立了一套较为完整的现代商业银行的机制，确保制度在各个层级乃至个体的执行过程中不“变味”。

## 第三节　创业有责，守业有责，拓业有责

中层干部是任何一家企业的顶梁柱。多年来的锻炼培养，浏阳农商银行打造了一支作风优异、务实高效的中层管理干部队伍，并在与其他银行的竞争过程中，形成了一种创业有责、守业有责、拓业有责的氛围。

在关口支行行长涂绪平心里，“浏阳农商银行永远在奔跑。”一般人认为，当单位发展势头良好，其内部管理者和员工很容易产生安逸的想法，但是在浏阳农商银行，却很少有同事拈轻怕重，安于现状，不愿吃苦出力的。

在外界看来，浏阳农商银行似乎永远不会停下来“闲庭信步”，而是不断超越自我、实现突破。其实，浏阳农商银行这股向前的劲头，一方面归功于基层员工；另一方面归功于基层班子，也就是中层管理干部的实干精神。

作为“上传下达”的枢纽，中层管理干部在组织里发挥着重要作用，特别是在执行力层面，中层管理干部更是“中流砥柱”，确保了战略目标的分解、执行和落实。

近年来，湖南农信系统实施“十百千万”人才队伍建设工程，通过选拔“万”字号的塔基人才，“千”字号的塔身人才，“百”字号的塔顶人才，“十”字号的塔尖人才，构建了塔基扎实、塔身坚固、塔顶突出、塔尖精锐的“金字塔”形人才梯队体系，使得全省农信干部在思想上高度认同湖南农信企业文化，在能力上高度适应现代金融企业持续发展需要。

与此不谋而合的是，浏阳农商银行多年来坚持不懈地抓实中层管理干部队伍管理，打造出了一支“高素质、能力强、有作为”的中层管理干部队伍。值得一提的是，浏阳农商银行在考察中层管理干部时，都会重点关

注其是否具备“六种能力”。

第一，宽广开阔的眼界。中层管理干部处于宏观与微观的结合点，处于战略与战术的结合点，处于上传与下达的结合点，既要站在全行的角度思考问题，又要站在支行的角度谋划工作。因此，不仅要眼观六路、耳听八方，更要多层次、多角度、多方面地分析问题，用创造性的方法解决问题。

第二，知人善用的能力。面对上级、同事、客户等多维关系，中层管理干部需要处理的事情很多。因此，要做到大事面前讲党性、讲原则，小事面前讲谅解、讲风格，求“大同”存“小异”，善于知人善用，不做“独行侠”，搭建员工施展才华的舞台，激发员工团队的集体智慧，形成助推发展的强大力量。

第三，容人之过的肚量。有句话说，宰相肚里能撑船。任何人都存在自身的不足与短板，也有自身的亮点与长处。因此，中层管理干部要有宽阔的心胸和肚量，对员工要勤交流、常关心、多包容，尊重每个员工的个性，要在维护原则的前提下对员工的短处有所包容，鼓励员工大胆创新，切莫形成“小肚鸡肠”品性。

第四，敢打敢拼的胆识。机会总是留给有准备的人，但是机会也往往稍纵即逝。特别是面对市场商机，中层管理干部要有抢抓机遇的眼光，要有开拓进取的胆识魄力，在发现机遇或问题时果断处置，成为“敢为人先”的创新者。

第五，谦虚空杯的心态。空杯心态就是一种永不满足的自我挑战。面对层出不穷的新生事物，中层管理干部只有“跳出井底看世界”，才能不做“井底之蛙”，避免犯经验主义错误。因此，要树立终身学习的思想，紧跟知识更新的步伐，加强业务知识学习，在学习中勤学善思，在工作中活学活用，找到高效高质的工作方法，真正成为一名懂理论、善实践的行家里手。

第六，率先垂范的品格。中层管理干部作为团队的“领头羊”，其自身的工作能力、行为方式、道德品质等都会对团队成员产生潜移默化的影响。因此，要当好“领头羊”，就要能够严于律己，处处以身作责，给团队树立良好的榜样，使整个团队充满温情和正能量。

同时，浏阳农商银行将中层管理干部应具备的“六种能力”细化到执行层面，出台了《中层干部履职评价办法》，从工作业绩、队伍建设、内部管理、防案控险、工作作风等方面，为支行行长履职情况进行百分制“打分”，对中层管理干部履职评价总分较低的对象实行诫勉谈话，进行岗位调整，对履职评价排名靠前的中层管理干部给予相应奖励，形成了中层管理干部“评先评优、选拔任用、岗位调整淘汰”的多维度评价体系。

仔细观察可以看出，浏阳农商银行的中层管理干部都显得十分老道，而且其成长路径都经历了多岗位锻炼。淮川支行行长谭日光是其中最具代表性的例子。他当过现金柜员，做过出纳、会计、稽核员，从事过客户经理等岗位，一步步晋升成为支行行长。他表示，在浏阳农商银行，几乎没有“拍脑袋决策、拍胸脯表态、拍屁股走人”的“三拍”干部，所有中层管理干部的履历都很丰富，几乎在各个业务岗位都轮换过。

创业难，守业、拓业更难。浏阳农商银行的中层干部都是从基层员工中脱颖而出的。这种从基层成长起来的中层干部有着自身独特的优势，他们亲身经历了客户的服务培育过程，不仅对于经营管理有着更多的体会，还对本行的“家业”有着高度责任感。在市场竞争激烈的乡镇街道，浏阳农商银行的支行行长在工作推进过程中，绝不满足于总行下达的考核任务，而是以辖内市场份额为目标，加压奋进，力争市场份额的巩固。

近年来，银行业金融机构更多提及量化管理的概念。但是在实操过程中，不少银行机构发现，过度注重短期效益反而会损害自身的长期发展。因此，越来越多的银行注重于绩效考核体系的完善，引入与风险挂钩的薪酬体系和延期支付机制，探索股权激励等中长期激励方式。

同样地，浏阳农商银行的绩效考核也在向更科学、更高效、更合理的方向前进，这可以视为一种理性的机制。然而，从感性的层面去分析，浏阳农商银行中层管理干部对于单位的认同感和归属感，让“创业有责、守业有责、拓业有责”成为他们自身肩负的责任。

这种责任感的背后是一种对待竞争的危机感。在访谈中，浏阳农商银行的许多中层管理干部都谈到了这一点：“创业成功以后，单靠守业是守不住市场的，必须要用进攻来代替防守；过去的农商银行更习惯于亦步亦趋，打的是被动防守仗；如今的浏阳农商银行更敢于率先出击，打的是主动进攻仗。”

# 第十四章　稳定质量：依托人缘、地缘

—“银行不是典当行”

—“双线并进”的风险模型

— 一场没有硝烟的战争

银行是经营风险的企业。银行面临的风险主要包括信用风险、市场风险、操作风险、流动性风险等。作为商业银行风险管理中的基础，信贷风险管理是每家农商银行都绕不过的坎，也是其质量效益提升的核心议题。浏阳农商银行的信贷风险防控秘诀，其实非常简单，就是以人为核心。多年来，浏阳农商银行的不良贷款率一直处于低位，这与以人为核心的风控理念密不可分。

## 第一节 “银行不是典当行”

近年来，许多西方银行机构也在回归传统的主营业务。2019年7月，德意志银行对外宣布，将缩减投资银行业务规模，关闭全球股票交易业务，回归传统银行业务。德意志银行是德国乃至全球最大的全能银行，常年入选《财富》世界企业500强排行榜，该银行断臂求生的案例引发了对商业银行经营模式的新一轮探讨，高杠杆的金融创新和传统的信用中介职能孰轻孰重？值得世人深思。

单就银行信用中介职能而言，其资产业务部分提及最多的便是信贷业务。浏阳农商银行信贷风险防控的关键在于以人品为核心，重点在于管好“两个人”，即客户与员工，关键在于打造银行、客户、员工之间的信任链。

只有相信客户，银行才不会办成一家典当行。抵押与担保并不是浏阳农商银行发放贷款的充分必要条件。在几十年的实践过程中，浏阳农商银行充分认识到过分追求抵押担保，反而不能覆盖风险，人品才是信贷风险防控的第一要素。

在基层一线，许多客户经理面对业绩压力，都有着发放贷款的冲动。

在过分看重抵押的情况下，客户经理容易将抵押作为贷款发放的首要理由；审批部门逐渐会把有无抵押物、保证人作为首要依据；合规部门将会把有无抵押作为风险管理、责任追究的首要指标。在潜移默化的影响下，抵押就成了贷款发放不成文的首要条件。

2013年，浏阳市域内的多家商业银行开始大力推行小微企业联保贷款，一时间对浏阳农商银行市场份额形成了巨大冲击。不少企业觉得联保贷款不要任何抵押，只要相互签字保证就可以拿钱，实在是好处颇多，于是纷纷选择联保贷款产品。

面对基层支行要求创新小微企业联保贷款的呼声，浏阳农商银行的经营班子却不这么看，他们认为，小微企业联保贷款产品虽然一定程度上解决了客户的抵押担保问题，但是多个企业相互担保，农商银行在穿透管理上存在较大难度，很难识别联保企业“恶意骗贷”“恶意欠贷”的风险，这与以人品为核心的信贷风险防控理念不符。

另外，自家客户经理专业素养不足，容易导致对企业风险评估不到位，还可能形成员工自身道德风险；更重要的一点是联保贷款的多米诺骨牌效应，使得这条信用链上的企业“一荣俱荣，一损俱损”，不少企业本来经营十分稳健，随着信贷资金大量涌入，开始盲目扩张或跨行业经营，使其最终败走“麦城”。

在当时，浏阳农商银行采取了稳扎稳打的策略，坚持自身“做小”的定位，审慎地开办联保贷款业务，而浏阳市内联保贷款业务占大头的几家商业银行都承受了许多风险和损失。

一旦抵押成为首要条件，抵押物评估容易受到主观因素干扰，导致评估价值出现偏差。若是抵押物不易处置变现，信贷风险不仅得不到有效覆盖，反而更容易积聚爆发。为此，浏阳农商银行出台《抵押担保管理办法》，对于以不动产作为抵押物的贷款，评估价格以该抵押物自评估日起两年以内的发票或合同上载明的交易额为参照，兼顾房屋建设年限、所处地段、外部环境等因素，并参考相邻地段、相同土地性质、相同用途的不动产在当地二手房交易网络平台最近一年内的成交均价。同时，浏阳农商银行根据实际情况，对各类抵押物制定了评估指导价，要求各类抵押物评估价格不得高于评估指导价，确保了抵押物评估价格的合理性。

同时，以人品为核心的信贷风险防控关键在于深耕小微客户。浏阳农商银行之所以敢于相信自己的客户，有一个重要前提，就是“做小”的定位，如果趋向于“做大”，那么仅凭信用，客户无法获得市场公允的授信额度。其实很好理解，犹如向好朋友借钱，金额很少，对方也许就借给你了，但是金额一旦很大，别人就会更加慎重，甚至拒绝。

目前，浏阳农商银行50万元以内的信贷客户占信贷客户总量的94%，专注于“做小”使得农商银行与客户的信任链能够毫无压力地存续，这是一种内在的因果关系。

同时，只有相信员工，才能更好地相信客户。在浏阳农商银行，与信贷客户直面打交道的是每位客户经理，如果单位与客户经理之间缺乏信任，客户经理成为弄虚作假的代名词，那么不管多么完善的客户信用档案都将成为一堆废纸。

当然这种信任绝非盲目相信，而是建立在“权、责、利”三者统一的基础上。浏阳农商银行的客户经理有多大的放贷权利，就有着多大的管贷责任，并有着与之相匹配的考核体系。

“权、责、利”相统一的先决条件在于权利的分配。在2008年以前，浏阳农商银行的客户经理既能够进行贷前调查，又可以办理贷款手续，相当于集“运动员”与“裁判员”于一身，很难从源头上杜绝违规违纪放贷行为。

2008年起，浏阳农商银行在全行范围内设立信贷内勤岗位，专职负责信贷合规审查与贷款手续办理，并在各支行成立审贷小组，实现权限内贷款“民主审贷、集体决策”。

2019年，浏阳农商银行信贷内勤全部转岗升级为风险经理，其风险管控的职能又进一步细化升级。同时，浏阳农商银行总行依托稽核大队，不定期组织开展现场与非现场检查，贯穿于贷款的各个流程，使得员工对于权利的敬畏之心更甚，也防止了支行内部的串通包庇行为。

“权、责、利”相统一的最大难点在于责任划分。不良贷款责任划分不准，不但会影响员工积极性，还会造成追责问责流于形式，丧失了制度威慑力。2010年以前，浏阳农商银行由于五级分类系统与信贷管理系统未实现对接，不良贷款形态反映人为因素较大，导致两个系统的不良贷款数据存在较大差异，贷款偏离度和下迁率居高不下。据统计，五级分类系统和信贷管理系统的表内不良贷款余额的最大差异达到6500万元，而当时的表内不良贷款余额为1.4亿元，有争议部分占比达46%。

为了强化责任划分，2010年8月，浏阳农商银行实现了信贷管理系统和五级分类系统不良贷款数据的全面对接，并制定了《浏阳农商银行不良贷款责任追究实施细则》，对同年7月1日前后的贷款实行新老划断，并按照“实事求是、客观公正；逐笔认定、责任到人；有责必究、尽职免责；视情轻重、依规追责”的原则进行责任划分，实现了真正意义上的不良贷款责任到人。

从此以后，浏阳农商银行客户经理自觉依法合规审贷、放贷、管贷的责任意识大大加强，客户经理对责任追究开始“斤斤计较”，丝毫不马虎，许多支行行长感觉贷款质量管理的压力减小。

“权、责、利”相统一的核心动力还在于配套考核。浏阳农商银行在信贷风险防控过程中，逐步建立了以质量效益为核心的考核导向，严格按照五级分类不良资产各级次风险权重扣减经营利润转作拨备，对支行经营利润进行考核，并加大贷款质量管理的分值比重，让贷款管理质量好的员工能够获得更高的收入，全面实现用机制管人管事。

“权、责、利”三者相统一充分调动了员工的积极性，很好地防范了员工的道德风险，并取得了令人惊叹的成效。2010年底，浏阳农商银行不良贷款占比为2.2%，后仅用一年时间就压缩到1.41%，并在以后始终保持在1.5%以下。

## 第二节 “双线并进”的风险模型

2021年，浏阳农商银行每位客户经理管理有余额的贷款户数达545户，其中客户经理最多管理有余额的贷款户数达1358户。如果你问一位客户经理怎样才能管理好几百甚至上千户的信贷客户？回答往往是四个字——知根知底。

如何能够对每一位客户知根知底？浏阳农商银行以人品为核心，通过打造“线上+线下”的一体化风控体系，精确刻画客户画像。

在新一轮科技革命和产业变革深入发展的背景下，新的金融生态、金融服务模式和金融产品不断涌现。浏阳农商银行也开始着手打造自己的大数据风控体系，逐步构建涵盖公安、法院、工商、税务等行政司法部门数据库，并与互联网金融公司开展大数据风控领域的合作，对接自身的客户管理系统（又称内部征信系统），形成了线上信贷风险防控体系。

互联网金融的优势是线上，客群是小额贷款客户，线上风控既是其最大优势，也是其最大风险点。当前，线上风控机制具有依赖大数据建模、快速自动进行审批和放款等特点。如果模型采用数据的真实性、准确性、时效性、完整性存在瑕疵，或者模型设计忽略贷款“三查”要求，就会出现骗贷、过度授信、资金用途不合规等问题。而要解决上述问题，线下的风控机制必不可少。

不可否认的是，农商银行的大数据还不是真正意义上的大数据。过去

20年，中国互联网呈现爆发式发展，银行业的信息不对称虽因此有所缓解，但大数据却始终被几大互联网金融巨头把持，农商银行推出的大数据风控一般是基于人民银行征信、社保、税务、公安等政务、银行类数据，数据类别往往在十几到几十种之间，而真正意义上的大数据风控，其数据类别一般都在上千、几千甚至数万种，数据来源也扩大到了客户的购物、缴费、转账、理财、通勤、社交等方方面面。

相对于互联网金融巨头来说，浏阳农商银行的“大数据”量级较小，但却更为精简实用，有着独特的优势。这种“大数据”实质上就是一种“精数据”。因此，浏阳农商银行构建了双线并进的风险模型，依托“线上+线下”的渠道优势，既发挥了线上快速准入、精准营销的风险控制优势，又通过线下跟进的方式，及时化解许多隐性风险，避免了大概率违约事件，发挥了自身人缘、地缘的优势作用。

跟全国性银行相比，农商银行的市场是相对较小的。根据监管政策及规定，浏阳农商银行只能在浏阳本土5007平方公里范围内开展业务。但与其说这是农商银行发展的痛点，不如说是优势。这使得浏阳农商银行心无旁骛，认认真真地耕耘本土，牢牢地扎根在自己的县域市场。

浏阳农商银行客户经理的信息来源渠道非常广泛，不仅是线上大数据平台中整合的客户信息，还有村组干部、街坊邻居、乡贤达人等提供的线下消息，这两种信息来源不断完善浏阳农商银行的内部征信系统，使得勾勒出的信贷客户画像更加立体。

“何某的征信报告没有问题，她品性很好，做事勤劳细致，儿子很会读书，这笔贷款可以放出去；刘某在浏阳市区开超市，这几年发展得很好，还在市里买了房，他提出调整贷款额度的申请可以通过；吴某喜欢赌博，经常换工作，该笔贷款不同意发放……”这是发生在浏阳农商银行集里支行贷款审批会上的一幕。据集里支行行长曾和显介绍，浏阳农商银行客户经理的最大优势就是“门儿清”。每当谈起客户的近况，浏阳农商银行的客户经理们就如同打开了话匣子，总能滔滔不绝地说起来。在浏阳农商银行，每位新上任的客户经理都要在老客户经理的带领下走遍管辖村的各家各户，熟悉了解各个家庭的情况，与群众打成一片。这种约定成俗的传统已经坚持了20多年。

浏阳农商银行的高管团队介绍："在线下的摸排过程中，我们获取到了许多有助于决策的信息，例如有的客户爱赌博，整日游手好闲；有的客户早已诈骗了亲朋好友的钱财，在网络购物中一掷千金；甚至有的客户在境外从事非法网络诈骗工作。而他们之中却不乏有人成功申请了网贷，由此可见，这些于暗流之下的隐性风险是大数据风控难以识别、覆盖的。"

为了提升信贷风控效率，浏阳农商银行出台了一系列举措，其中不少在湖南农信系统内居于首创地位，比如1994年实行贷款审批责任制；2005年推出个人借款和共同借款人制度等。特别值得一提的是"人品、产品、押品"三品授信准入机制，"信用等级评定、现金流量评价、抵押担保评估"三评利率定价机制和"生产能力表、偿债能力表、盈利能力表"三表贷后检查机制，其核心在于注重借款人的第一还款来源，通过工具有效评估借款人的还款意愿和还款能力。

同时，在不良贷款压降上，浏阳农商银行牢牢抓住了存量、增量两个量，在存量上加大表内外不良贷款清收力度，在增量上着重抓好两个指标，即到期贷款收回率、新增不良贷款。2008年以来，浏阳农商银行启动到期贷款收回率的考核；两年之后，开始对新增不良贷款进行责任追究，并专门研发了到期贷款收回率和新增不良贷款的绩效考核软件，纳入客户经理的绩效考核体系，一直沿用至今。

无论互联网科技如何发展，信贷风险永远在那里，这是基于金融市场规律的客观性。线上风控与线下风控没有绝对的好与坏，有的只是效率、准确度以及客户体验的差距。未来，浏阳农商银行"双线并进"的风控模型将会朝着高效、高质的方向迈进。

# 第三节 一场没有硝烟的战争

自20世纪80年代以来席卷全球的金融自由化浪潮积累了许多问题，并直接损害银行稳健与安全，导致银行危机的最重要问题之一便是不良贷款的发生。不良贷款问题已成为困扰和束缚各国金融机构发展的桎梏。

不良贷款清收是每家银行老生常谈的话题，浏阳农商银行同样也不例外。但是在不良贷款清收过程中，浏阳农商银行逐渐形成“愚公精神、争先精神、亮剑精神、协作精神”四种精神，有效地破解了不良贷款清收之局。

“愚公精神”是一种坚持不懈的力量。不良贷款清收既不是一朝一夕之功，也不是虚晃一枪就偃旗息鼓。因此，要靠愚公移山的精神，始终咬定目标、持之以恒、久久为功、日积月累，才能实现不良贷款清收目标。

浏阳农商银行在不良贷款清收中的“愚公精神”可以总结为四句话，即把底子澄清、把嘴皮磨破、把皮鞋走穿、把温情留下。细细品味可知，这四句话毫不矫揉造作，很符合农商银行深入群众之中的气质。

家住浏阳市达浒镇象形村的苏某，曾在浏阳农商银行借款28万元，用于当地旅游开发。由于项目投资金额大，造成资金流断裂，他的贷款也于2019年进入了不良序列。支行客户经理多次上门走访，却发现苏某因身背巨额债务，早已外逃躲债，消息失联，家中仅剩下他的母亲。

当时浏阳农商银行达浒支行行长张虎亲自接手了这一笔不良贷款，随即上户开展清收工作。当张虎表明身份，说自己是浏阳农商银行工作人员时，苏某母亲想都没想就把大门紧闭。张虎第一次上户就吃到了闭门羹。

吃到闭门羹没有让张虎灰心丧气。多年的基层工作经验让他明白，这位母亲并非蛮不讲理的人，而是儿子欠债太多，让她身心俱疲，无力应付。于是，张虎换了一种方式。第二次上户时，苏某母亲一看到是农商银行工作人员，正准备闭门谢客。张虎连忙拦住并说道："大姨，我今天不是来找您儿子，而是来看您的，让我进去坐坐嘛。""骗人，我才不信你。"苏某母亲说。

"不信你看看我手里提了什么，这是买给你的苹果。"张虎说着把袋子提了起来。苏某母亲也懵了，她半是怀疑半是茫然，但还是让张虎进了家门。张虎也果真没有谈及贷款催收的事情，而是聊聊家常就走了。

每月走访看望2次，持续了近4个月。在这一次次走访中，苏某母亲也被这位浏阳农商银行的工作人员感动了。她主动提及自己会多做儿子的思想工作，让其偿还农商银行的贷款。

这样的结果其实令张虎颇感意外，他当时只是想通过这位老人联系上她儿子。但没想到后来，老人不仅做通了儿子的思想工作，激励其斗志，还帮助一起偿还贷款。

有个小细节让张虎记忆犹新。当时，苏某母亲第一次跟张虎说起儿子欠债的事情时，这位老人没有说过多细节，但是眼泪却哗哗地流下来。张虎也是静静地听，并不时地安慰着老人，让她的情绪恢复平静。后来，张虎根据该户的情况，制订了合理详尽的还款计划。当得知该户还栽种了3亩果树时，他利用自己的朋友圈，想方设法帮助其拓宽销路，增加家庭收入。

不久后，这笔28万元的不良贷款被成功收回。

张虎这一案例被称为"水果收回的不良贷款"。在浏阳农商银行看来，不良贷款清收，堵不如疏，疏不如引，细水长流，涓涓不息，也必将会迎来新的转机；"愚公精神"是一种坚持的力量，但不是光靠"死缠烂打"，而是要持之以恒的真情相待。

为了让"愚公"不成为"穷苦工"，浏阳农商银行在不良贷款清收机制上不断探索，推出了责任清收、行政清收、依法清收、承包清收、委外清收等方式，并配套相应的激励机制，激发员工积极性。其中，内部竞标承包清收机制具有较强的代表性。

内部竞标承包清收，顾名思义是以浏阳农商银行内部员工为承包主体，清收对象为表外不良贷款，承包方式为竞标竞价。与打包拍卖方式相比，表外不良贷款内部竞标承包清收具有明显优势。

第一，能制约中标者采取非法手段清收贷款，从而防范法律和声誉风险；第二，能够避免出现掌握信息人与中标人为同一人的暗箱操作现象，从而防范操作风险；第三，虽然表外不良贷款中的一部分甚至大部分暂无偿还可能，但是经过积极催收、艰苦工作，还是会有偿还的可能，而且，实行内部竞标承包清收，法律意义上的债权并未发生转移，减少了不必要的流程作业，提高了工作效率。

2008年5月，浏阳农商银行在大瑶、普迹两家支行进行试点，短短6个月时间就取得了很好的效果。两家支行共计收回表外不良贷款本金62万元，利息12万元，还与表外客户签订偿还协议177笔，金额483万元。由此，内部竞标承包清收机制在全行开始推广。

内部竞标承包清收最难的地方在于组包定价。为了让内部竞标承包过程人人信服，浏阳农商银行先是对表外不良贷款进行全面清理，逐户填写《借款人借款情况说明表》，囊括借款户名、金额、期限以及最后一次还本付息时间、最后一次催收时间、表外欠息情况、目前状况、收回难易程度等内容，确保清收信息公开透明。

之后，根据澄清的底子按照每户收回的难易程度，对表外不良贷款重新划为“有收回潜力”和“收回难度大”两类，对借款人死亡、宣告破产、触犯刑律、担保人不能清偿债务、法院裁定终结执行未收回的贷款，划归“收回难度大”的类别。同时，按照划分的类别和借款时间的长短不同，确定不同的定价比例，确定每笔贷款价格。

最终，依照贷款定价金额大小、资产状况、贷款区域分布、清收难易程度、逾期时间长短等进行组合搭配，组合成一定额度的贷款包，经综合审定后，对贷款包分别编号，实施竞拍。

同时，为了保证运作过程的规范性，浏阳农商银行不仅将承包主体由客户经理扩大至柜员、会计等内勤人员，还将支行行长、稽核员等敏感岗位人员剔除在外，并实行公开竞价、内部公示等方式，杜绝操作风险。

当然，内部竞标承包清收机制离不开正向激励。在承包期内，浏阳农商银行按照承包人完成任务的百分比，分阶梯计付奖金，使“多劳多得、能者多劳”的分配原则得以充分体现，为企业增效、员工增收提供了一个“双赢”的平台，大大激发了员工活力。2008年，大瑶支行时任信贷内勤徐美霞竞得两个资产包，为完成清收承包任务，她巾帼不让须眉，利用休息时间，早出晚归，走村串户，仅用一年时间，共收回贷款本金26.94万元，利息1.82万元。在她的日记本里写着这样一段话：“清收不良贷款是一项经常挨人骂、遭人白眼的事情，稍有处理不慎就会被别人说得头昏脑胀；因此，必须要有谦和待人的诚心、不畏艰难的决心与做好工作的信心。”“愚公精神”使得浏阳农商银行员工不放弃任何一个可能的不良贷款清收机会，并将其转换成了业绩成果。

“争先精神”能够形成“鲇鱼效应”。不良贷款清收受形成原因、行政政策甚至地方风土人情等多种因素的影响，可以说是一场没有具体公式的探索。许多不良贷款清收的先进经验总是来自一线的实践总结。

在70年的发展过程中，浏阳农信涌现过许多先进标杆分支机构。但就不良贷款管理领域而言，有两家分支机构格外引人瞩目，一家曾是不良贷款的重灾区，后来逆袭成为全国先进信用社；另一家开办6年来，不良贷款率一直保持为零，成为全行人人羡慕的支行。

这家上演逆袭的信用社名叫大圣信用社，位于浏阳市澄潭江镇大圣村，现已改制成为大圣分理处，隶属浏阳农商银行澄潭江支行管理。根据1989年摸底调查，大圣信用社各项存款余额102.5万元，各项贷款余额83.2万元，存贷比为81%，其中非正常贷款49.4万元，不良贷款率高达59.4%，在浏阳全市67个信用社中排名靠后。

当时，大圣信用社主任是张建元。他意识到，大圣信用社要走出困境稳步发展，必须下大力清非，否则就是“烂掉了贷款，烂掉了信用社，烂掉了人们的信用观念”。于是，在全县（当时浏阳市为浏阳县）农金大会上，张建元提出了创建“三无”信用社的目标，进而展开了一场持久的清非攻坚战。

“三无”指的是无呆滞贷款、无呆账贷款、无违规违纪贷款。但是一家底子如此薄弱的信用社，敢于夸下如此硬气的海口，令人瞠目结舌。张建元从拔掉钉子户开始行动。原大圣村村民王某，后迁往江西万载安家落户，1980年在大圣信用社贷款70元，十年都未还，在他看来这笔贷款早已不用偿还了。然而，当他看到浏阳大圣信用社的工作人员上门时，他倍感意外。对于十年前的这笔70元贷款，王某一开始拒不认账，之后又仗着在当地人熟地熟，三番五次推诿企图赖账。但是大圣信用社工作人员坚持嘴巴、脚板齐上阵，多次跨省上门清收，最后通过当地政府，强制将王某的一台落地电扇当场拍卖。至此，沉淀十年之久的这笔贷款本息全额收回。

通过这样一户户的“碰硬较真”，大圣信用社震慑了存在侥幸心理的借款人，农民、乡村企业按时归还贷款，逐步形成一种良好的社会风气。当时，大圣荆坪村有一村民筹备结婚，女方得知男方家中欠信用社贷款1895元，多年催缴未还，遂提出“哪天还清贷款哪天成亲”这一条件，促成快速还款，成为一时佳话。

1990年，大圣信用社经中国农业银行长沙市分行检查确认，成为浏阳第一家信贷“三无”信用社；此后，又于1995年被中国农业银行评为全国信用社100家信贷管理先进单位。

另一家不良贷款率一直保持为零的支行叫筱水支行。自2015年成为直属分理处（后2017年升格为支行）以来，筱水支行在贷款管理上独树一帜。浏阳农商银行现任筱水支行行长陈阳根坦言："在成立时，筱水支行是没有贷款包袱的，但是正因为没有不良贷款的包袱，历任支行行长都将不良贷款管理当作工作的重中之重，这也造就了如今的筱水支行。"

为了将资产质量一抓到底，筱水支行一方面在信贷投放上把好准入关，专注于做小、做散，严守风险底线，堵住不良贷款的源头；另一方面，贷款实行名单制管理，对支行关注类贷款进行全面监控，做到贷款按日监测，及时掌握客户违约原因和还款能力的第一手资料，尽早介入处置，防止新增不良贷款。

陈阳根说："我们要求员工在开展不良贷款清收时，要遵循'四心'，即情感上要暖心、行动上要耐心、举措上要用心、工作上要无私心，时刻本着高度的责任感，绝不制造人为包袱。"

两家标杆单位所处的历史节点和环境截然不同，但都是浏阳农商银行这个集体中的"鲶鱼"，激励带动着后进单位奋起直追。不良贷款清收很困难、很辛苦，因此，浏阳农商银行通过树立清非攻坚能手、先进示范行的标杆，让员工与员工、支行与支行之间相互学习，互为鼓劲，使得斗志拧成一股绳。

"亮剑精神"可以让"老赖"无所遁形。"老赖"是不良贷款清收中的一道不可避免的难关。与其他借款客户相比，"老赖"往往目无法纪、态度恶劣，他们不仅不想还债，还想方设法逃债，通过假离婚、转移财产、合并公司，改变法人代表等方式来和银行对抗。

浏阳农商银行对待"老赖"，采取的是因人而异，因户施策的战术。对于有回旋余地的"老赖"，银行将通过"迂回战、心理战、亲情战"方式，软磨硬泡，斗智斗勇，击破"老赖"的心理防线。但是对于恶意逃废债务的"老赖"，浏阳农商银行也从不退缩，敢于亮剑，动用法律武器维护农商行利益，打击其嚣张气焰。

“亮剑精神”代表着一种勇气和魄力。特别是面对威胁困难时，敢不敢与之斗争到底，是“亮剑精神”的关键所在。浏阳农商银行的一些客户经理在不良贷款清收工作中遇到过各种各样的威胁，有的被电话辱骂，有的收到过威胁短信，有的家人遭到恐吓，但他们却敢于亮剑，力保农商银行资产不受损失。

浏阳农商银行的客户经理老张从来不曾想到过，自己在不良贷款清收工作中会遭遇生命威胁。有一天上班时，老张接到了这样一个电话，电话里的黄某气急攻心，扬言要杀人。

黄某是浏阳农商银行一起贷款拖欠案件的被执行人。2010年4月，他以需要资金周转生意为由，向浏阳农商银行借款。由于投资失败，贷款到期后黄某没有依约还款。客户经理老张多次上门做催收工作，劝其归还贷款本息，但黄某均不以为然，甚至表示有钱也不还农商银行的欠款。

后来，浏阳农商银行将黄某诉至浏阳市人民法院。法院经审理判决，黄某还款本金及利息共计5.3万元给浏阳农商银行。但他依旧不履行还款义务，浏阳农商银行向法院申请强制执行。

当得知自己被法院纳入了强制执行名单后，黄某气急败坏，故上演了扬言要杀人的那一幕。除了电话骚扰，黄某连续发了多条威胁短信，短信中提及了老张家人的身份信息，直言要找他家人报复，给其颜色瞧瞧。

面对威胁，老张想到了自己的家人，心里虽有隐隐的不安与担忧，但他并没有退缩。在法院执行局的帮助下，黄某被强制拘留，并最终认识到了自己的错误。

老张说：“面对黄某咄咄逼人的威胁，要说不害怕，那是假的。谁不想着过安定平稳的生活？但是，如果我退缩了，其他的‘老赖’势必会依葫芦画瓢，让我们的不良清收工作陷入恶性循环。”

为了提升执行效率，浏阳农商银行还推行了“四个到位”工程，保障“亮剑”到位、“亮剑”彻底。对历年来的不良贷款诉讼案件进行梳理，保证对有还款能力的不良贷款户催收到位，对不良贷款诉讼时效管理到位，对逃废债务的不良贷款户起诉到位，对恶意拖欠的不良贷款户强制执行到位，实现了清收不留死角。

“协作精神”体现了抱团出击的思维。浏阳农商银行不搞单打独斗的“个人英雄主义”，而是善于借助司法力量、行政力量、社会力量和市场力量，实现抱团出击。

在浏阳，一些“老赖”经常被浏阳农商银行的员工“围堵”，更夸张一点来说，就是“白天被堵车、中午被堵桌、晚上被堵门”。曾有一位多年在外躲债的熊姓客户，特意错开了传统节假日回到老家，却没料到浏阳农商银行的员工早已在家中相候。这绝非是浏阳农商银行员工有着什么特异功能，而是人民群众对于农商银行工作的无尽支持。

除了周边群众提供“线报”外，各部门的信息共享也让浏阳农商银行的不良贷款清收得以顺利进行。对于失联户的不良贷款清收，最难的就是找人的问题。浏阳农商银行借助社保、公安等政府系统，对存量的无身份证、无电话号码、无家庭住址“三无”不良贷款户进行匹配排查，并通过上户走访、村组协查等方式核实身份，解决不良贷款户失联的难题。例如，淮川支行有一笔金额4.05万元的不良贷款，其欠款时间已达10年之久。由于借款人几次更换联系方式且频繁变更住所，支行工作人员已经无法联系上客户。但是通过社保系统联查，这笔贷款迎来了新的转机。在发现借款人配偶的有效住址及电话号码后，支行工作人员借助该户邻居帮助，巧妙地约其见面，经过多轮协商，成功收回了这笔拖欠10年之久的不良贷款。

在浏阳农商银行的极力建议下，2019年10月28日，浏阳市人民法院正式挂牌成立了“金融案件审判速裁庭”。这类针对金融案件的速裁庭是湖南省首家。通过金融案件审判速裁庭对全市金融类案件实行集中审判，使得简案能够快审、难案得到精审，实现金融类案件快立案、快保全、快送达、快审理、快裁判，打造金融案件审理的“快车道”。设立“金融案件审判速裁庭”后，浏阳金融机构的案件平均审理周期控制在15~20天之内，结案率达到90%以上，极大地提高了金融类案件的审判质效。同时，银行的诉讼费用更是减少了一半，切实减轻金融机构不良贷款清收成本。

在后续的湖南农信系统不良贷款自主现金清收行动中，浏阳农商银行更是在短短4个月的行动期内，超额完成不良贷款自主现金清收任务，共计收回表内外不良贷款9855万元，表内不良贷款率降至1.16%，实现了不良贷款余额和占比的双降。在清收行动启动之后，浏阳农商银行成立涵盖公、检、法、村支两委的清收小组，利用村村通、流动宣传车、村组微信群等媒介，加强不良贷款现金清收行动的宣传引导力度，帮助农商银行对存量不良贷款户进行匹配排查，积极推动依法清收，创新清收处置形式，简化诉讼流程，引入诉前调解、巡回法庭办案、金融案件审判速裁等方式，提升不良贷款处置效率。

清非攻坚仅靠浏阳农商银行一家单打独斗，肯定不能取得好的成效，在该项工作上，浏阳农商银行善于借力作为、锲而不舍，不仅以此打击了恶意逃废债行为，最大限度地清收不良资产，降低不良贷款比率，防范化解金融风险，更树立了员工的信心、决心，助力营造了社会的诚信风尚。

# 第十五章　稳获商誉：致力打造百年老店

— 坚持诚信立业

— 有为，才能有位

— 唯有温暖不可辜负

# 第一节 坚持诚信立业

季布，楚国人，为人仗义，好打抱不平，以诚实守信而著称于世。楚国人中广泛流传着“得黄金百斤，不如得季布一诺”的谚语，这也是如今成语“一诺千金”的由来。

黄金百斤，不如季布一诺。这种质朴的个人诚信观放在银行业同样适用。对于浏阳农商银行来说，诚信也是双向的，农商银行要客户讲诚信，其自身也要守信用。

诚信是企业商誉品牌建设的基石。在商誉品牌建设方面，浏阳农商银行经历了漫长的时间，反复雕琢淬炼方才成器。二十世纪五六十年代，浏阳农商银行曾被群众戏称为“信碰社”。“信碰”是浏阳本土方言，意思是碰运气。信用社变成了“信碰社”，反映了群众对于信用社的信任缺失。

1956年，浏阳撤区并乡，一批信用社合并。这种混乱局面被进一步放大，合并后61家信用社中有41家亏损。鉴于此，中国人民银行湖南省分行决定免征信用社1956年度的工商税。

但是亏损的局面仍未扭转，到了1957年，除了永安信用社盈余外，其他60家均出现了亏损。这一情况的严重性，从当年古港信用社吸收存款情况可见一斑。古港信用社并社后，6家信用社干部在61天时间内只吸收存款73笔，相当于每家平均五天才吸收一笔存款。

因为存款减少，信用社开始出现违反“存款自愿、取款自由”的原则，只顾保持储蓄余额，硬性限制存取款的现象。对此，群众意见很大，以至于写下了这样的打油诗：“存钱容易取钱难，证明条子过三关，为了取钱腿跑痛，今后不存倒也安。”群众对信用社的信任消失殆尽，信用社也就成了“信碰社”。

到了1958年，有的信用社甚至搞起了“实物转存”“虚假工资转存”，有的搞起了“万元信用分部”运动，造成储蓄存款余额等虚假繁荣。经过三年困难时期，信用社储蓄急剧下降，到1962年末，全县信用社储蓄存款余额仅有34万元。经过几番折腾，大多数信用社业务停办，资金呆滞；相当一部分信用社不能保证支付，有的几个月不开门办公，业务无人过问。

为了改变“信碰社”的形象，重新赢得群众的信任，1964年，信用社对储蓄业务进行了整顿，推出了一系列举措：重申“存款自愿，取款自由，替存户保密和存款储蓄永远归个人所有”政策，通过宣传发动重建信任；改变坐等业务的作风，提倡下户抓存款，并要求“六个不准”。

不准对社员分配储蓄任务；不准硬性扣储和搭配存单；不准盘问取款用途；不准限制取款金额；不准索要取款证明和批准手续为难储户；不准任何人或单位干涉储蓄和抵扣储蓄。

“六个不准”在现在看来可能不一定完全适用，但对于当时的浏阳信用社无疑是一剂猛药。经过大力整顿，浏阳信用社的业务开始重新活跃，1965年底储蓄余额回升到35.83万元。也就在这一年，信用社开办贫下中农专项贷款和扶贫贷款，重点帮助贫困社员解决生活生产困难，发放各项贷款63万元，其中两项扶贫贷款占39.74万元。情况较好的永安信用社发放农户贷款7.72万元，扶助贫农和贫下中农1886户，买回口粮90多万斤，添修生产工具700多件。

客户的信任，永远是银行发展的基石。银行在经营信用的同时，首要任务就是经营好在人们意识中、心目中的信用形象。从信任到“信碰”，再到重建信任，这段曲折经历既是教训也是成长，也是警醒也是动力。浏阳农商银行将这段“信碰社”往事编撰写入了本行的社志，并在会议上屡屡旧事重提，时刻警醒每一位浏阳农商银行员工，切莫将信用社办成“信碰社”。

为此，浏阳农商银行推出了“阳光信贷”工程，建立了“公开透明、高效规范、互惠互利”的“阳光信贷”通道，选聘行风监督员，推行金融服务承诺，确保信贷产品额度、利率定价、操作流程等全流程接受“阳光”下的监督。几十年信守千金一诺，浏阳农商银行自然而然地赢得了很多回头客。在浏阳市沙市镇，有一家企业多年来与浏阳农商银行保持合作关系。但由于某城商行新入驻该乡镇，为了迅速打开业务局面，这家城商行向企业许诺了极为优越的条件，保证企业能以更宽松的抵押担保条件、更低的贷款利率获取信贷资金。面对如此诱人的条件，企业也是心思浮动，虽然浏阳农商银行的工作人员多次上户挽留，但是企业还是选择了该城商行。

可短短一年以后，这家企业却又回来了。据企业负责人说，离开农商银行才知道，其他银行的套路这么深，原本承诺的用信以及利率条件，到了真正办理贷款时又突然以各种理由变卦，让人有种上当的感觉。因此，贷款到期后，该企业负责人主动结束了与该城商行的合作关系，重新回到了浏阳农商银行。这位负责人表示，自己今后就只认浏阳农商银行这块招牌。

与其他银行不同，浏阳农商银行的谈判更为直接明了。浏阳农商银行明确规定，严禁将合同附加条件以及隐性条款作为竞争性谈判的砝码，禁止使用诱导、欺骗的话术和手段，不得从事虚假营销。在浏阳农商银行，员工会真实地告知客户如贷款利率、额度、担保方式的条件，而不会大开空头支票，给客户设下圈套。

这样的做法不无道理。当银行业竞争越来越充分，其服务也就变成了一种金融消费品。对于消费者而言，在预算相差不大的情况下，人们更趋向于购买具有品牌效应的商品，这正是企业商誉带来的一种无形竞争力。

可以这么说，办银行就像是做诚信买卖，浏阳农商银行坚持诚信立业，塑造了良好的商誉，自然不缺回头客。

## 第二节　有为，才能有位

一直以来，无论是地方党政，还是人民群众，总是对浏阳农商银行高看一眼、厚爱三分，这背后的原因，乃是浏阳农商银行多年来积累的商誉，使其成为政府信赖、大众选择的银行。

商誉始于点滴积累，在于细微处见真章，是一个量变到质变的过程。

2015年，在当时的人力资源和社会保障部的主导下，各地方人力资源和社会保障部门开始面向社会发行用于人力资源和社会保障各项业务领域的社保一卡通。经过相关程序，浏阳农商银行成了浏阳地区社保一卡通的合作银行，与其他两家银行共同推进浏阳居民的社保一卡通发卡工作。

社保一卡通由于其特殊性，对发卡过程有着更高的要求，如必须核实持卡人身份信息，采集其人脸、指纹及指静脉的生物特征，并需要社保及金融机构激活。

为了确保如期如质完成发卡任务，浏阳农商银行抽调全行员工，组成20个发卡工作组，制定“逐镇进驻、全村铺开、到户到人”的策略，并将发卡过程分为“集中发卡、定点领卡、上门服务”三个阶段，短短两个月就发卡34万张，占当年制卡量的54%。虽然浏阳农商银行承担的发卡任务量最大，但发卡的效率和质量是最高的。

数据的背后其实凝结着浏阳农商银行员工的汗水。许多员工连续工作一个多月，每天从早上6点忙到晚上七八点，无一人迟到早退，没有出现一例工作失误。各个发卡工作组的组长更是以身作则，主动牺牲休息时间，在集中发卡之余，为行动不便的特殊客户提供上门服务。

这种“有为”的精神也感动了地方政府干部。浏阳市葛家镇党委书记、镇长亲自督办社保一卡通发卡工作，主要领导每人负责一个行政村，每天驻守发卡现场，与浏阳农商银行员工吃住同行，最终葛家镇当年以87.6％的发卡率排名全市第一。龙伏镇政府在微信平台上宣传社保一卡通知识和使用指南，利用村组广播提示村民发卡时间，讲解领卡注意事项，切实提升了工作效率。浏阳市社港镇石牛村的村书记更是竖起了大拇指："你们农商行员工真不错，我参与几天都吃不消，何况你们连续工作那么长时间，你们辛苦了！"与其他银行只挑"肥肉"不同，浏阳市偏远乡镇的社保一卡通均由浏阳农商银行发放，而且后续服务一个不落。某大型商业银行出于发卡成本的考虑，在集中发卡之后，退出了4个乡镇的后续发卡工作，但浏阳农商银行却果断将其承接下来，从不讨价还价。

浏阳农商银行还成立了社保一卡通上门发卡小分队，主动上门为行动不便或有其他原因的特殊人员发卡。家住浏阳市关口街道金口村的晏爹八十大寿，外面敲锣打鼓好不热闹，而早早到来的上门发卡小分队队员给晏爹拜了寿就忙活起来，一边装发卡机具，一边家长里短地跟大伙聊天，回答着一些金融问题。发完卡晏爹笑着说，你们这服务真的是实打实做到家了。97岁高龄的朱婆婆身体不好，常年行动不便，她对带着机具上门服务的发卡小分队队员说出了心中疑惑："这卡有什么用啊，我一大把年纪了，用不着的！"发卡小分队队员耐心地解释道："这个社保一卡通的功能特别多，主要有社会保障卡功能，去医院看病费用的结算，还有养老金的领取都会通过这张卡，今年五六月的养老金已经发在这张新卡上了；还有就是金融功能，也就是说普通银行卡存取款、转账、刷卡消费的功能也集成在这张卡上。您老放心，这个卡怎么使用我们刚刚已经和您的家人介绍过了，我们这次来就是为您办理社保一卡通激活手续的，还要采集您老的指纹。"朱婆婆对社保一卡通的用处有了一定了解，连连点头，一个劲夸上门发卡小分队服务周到细致。

不仅如此，在集中发卡阶段结束后，浏阳农商银行在全市设立了17个即时制卡网点，让客户在各区中心乡镇即可办理制卡、补卡等业务。一位50多岁的伯伯，几次拒绝其他银行给其发放社保一卡通，直言只认农商银行。他热忱地说道，农商银行的卡最方便，农商银行的服务也最贴心，我最信赖的就是他们。

落红不是无情物，化作春泥更护花。浏阳农商银行的“有为”“有位”体现在扎根基层、心系群众的情怀，蕴藏在田间地头、泥土露珠之中，落实在“真心为群众服务、热心为群众排忧、诚心为群众解难”的行动上。一如那“随风潜入夜，润物细无声”的春雨，自万米高空中翻转凝结，携带着生命与希望的纯净之源，降落浸润在这片春泥里，为大地带来了勃勃生机。正如做普惠金融，如果只讲“有利”，不讲“有为”，那是不可能做出成果的。特别值得一提的是，浏阳农商银行是浏阳市域19家银行机构中，小额扶贫贷款的唯一主办行，扶贫贷款投放量占全市的100%。在这数以万计的脱贫人口中，“全国脱贫攻坚先进个人”“湖南省劳动模范称号”获得者李忠国与浏阳农商银行的故事令人动容。他的故事被称作“一把油纸伞撑起一片天”。李忠国是浏阳市达浒镇椒花新村的村民，2015年他还是浏阳市建档立卡贫困户中的一员，居住在自建的毛坯房中，无稳定的收入来源，还需要养活两个小孩及老人等一大家子。但是，他有着一门独特的祖传技艺——油纸伞制作。被确定为贫困户后，李忠国在浏阳农商银行的鼓励与支持下，重拾制作油纸伞的祖传手艺，并于2016年拿到了5万元的扶贫小额贷款，创办浏阳市达兴工艺品厂，进行油纸伞生产加工。在传统油纸伞的基础上，李忠国创新出了儿童手工绘画白纸伞产品，受到了市场欢迎。到2017年，仅仅一年多时间，李忠国的家庭收入就达到了3.2万元，成功摘掉了贫困户的“帽子”，他本人还被认定为浏阳油纸伞工艺长沙市级非物质文化遗产传承人。

随着工厂发展逐步走上正轨，浏阳农商银行的工作人员建议李忠国传授村民制作技艺，在带动村民就业的同时，进一步优化人力资源，提高生产效率。不久，李忠国陆续与椒花新村的54户建档立卡贫困户签订了产业帮扶协议，采取“订单+保底”委托加工的方式，工厂产能得到了较大提高。李忠国负责传授油纸伞制作手艺，贫困户则代为加工油纸伞。一些身患残疾行动不便的贫困户在家里就可以制作油纸伞，用于补贴家用。贫困户孔祥仁因病在家无法外出上班，现在却在家门口找到了一份工作。“每天在家做做油纸伞，我一个月轻轻松松弄到了2000多元收入哩。”孔祥仁喜滋滋地说。

浏阳农商银行员工还建议工厂丰富产品种类，扩大订单和收入来源。于是，李忠国在油纸伞加工的基础上，还拓展产品类型，推出了灯笼、超轻黏土画框、无纺布等各类工艺品，并开拓日本、欧美等市场，在2021年实现年销售额超过500万元，带动贫困户每人年均增收1万余元，帮助椒花新村的54户贫困户全部脱贫摘帽。

盛名之下，“冷暖”自知。在听闻李忠国的“大名”后，不少商业银行闻风找上门去，试图以更高的贷款额度、更低的贷款利率来挖走这位“红人”。但李忠国都一一婉拒了，他表示：“最初，浏阳农商银行为我提供了5万元的扶贫小额贷款，让我有了创业资金，帮助我解决发展中的困难；现在我的生活变好了，我选择永远留在浏阳农商银行，他们真是农民和小微企业的好帮手。”为了帮助更多像李忠国一样的困难人群，浏阳农商银行还面向低收入人群或特殊人群，推出了“农户小额扶贫信用贷款”“困难党员创业贷款”“妇女创业就业贷款”等多款贷款产品，进一步细分了产品类型，提升了产品适配度，让低收入群体也能享受到贴心的金融服务。

“有为，才能有位”的价值观注定了浏阳农商银行会肩负起更大的社会责任。浏阳农商银行打造好的商誉没有什么花里胡哨的措施或诀窍，无非是少谈条件、多付出，实实在在地为地方百姓做实事，更简单来说，就是“有为”二字。

## 第三节　唯有温暖不可辜负

简单来讲，一家企业的竞争力往往体现在服务、产品之中。随着消费者对企业服务、产品认知的不断加深，“认知”逐渐变成了“认同”，从而形成了一种基于消费者认同的有经济价值的无形资产，即品牌。那些能够长期维持竞争优势的企业都有着属于自己的独特品牌，这是企业发展中最重要的部分。品牌的价值主要体现在较高的知名度、强大的吸引力、可持续发展的生命力等方面，小到马路边的家常餐馆，大到上市企业，都十分重视自身品牌商誉的打造。“品牌的打造”一方面需要过硬的产品以及优质的服务能力；另一方面则需要良好的社会形象。一家企业如果想要高质量可持续发展，就必须顺应时代脉搏，积极履行社会责任，释放出自己的温暖。

唯有温暖不可辜负。浏阳农商银行逐步认识到，企业是营利性的组织，但最终的追求却是回馈社会。这是一种从利己到利他，从有我到无我，从“己为先”到“他为先”的发展过程。

浏阳市第九中学的一名高三学生曾写信到浏阳农商银行，她在信中写道：“是农商行给了我继续追求梦想的可能，我父母在我1岁时就离婚，继父也在我读高三时去世，母亲靠打零工供我和姐姐念书；浏阳农商银行对我们家庭的帮助，无疑是雪中送炭，我会继续努力完成学业，争取考上名牌大学，学成后回报社会。”像这种质朴而又感人的来信，浏阳农商银行收到了一封又一封。家住浏阳市枨冲镇的一名学生曾两次向浏阳农商银行写信：“有了你们的帮助，我一定努力学习，长大做一个对社会有用的人，回报社会，奉献社会，并将爱心传递下去。”2016年8月，《浏阳日报》刊发了2名本市考生被大学录取后却无力承担学费的消息，浏阳农商银行在看到这则新闻后，立即与两位考生取得联系，帮助她们完成了大学学业。

浏阳市镇头镇等多地的敬老院设施陈旧，浏阳农商银行筹集爱心善款为其维修翻新。不仅如此，浏阳农商银行还组建了义工小分队，组织员工前往敬老院看望老人，了解老人们的生活所需、起居情况和身体健康状况，为其送上棉被、水果、油米等生活物资。作为全市营业网点最多的金融机构，浏阳农商银行充分发挥网点优势，在各个网点设立“爱心驿站”，配备WIFI、空调、手机充电器、应急药箱、防疫口罩等设施设备，为环卫工人、快递小哥、交通警察等户外劳动者提供御寒避暑、遮风挡雨、喝水用餐的场所。

2020年春节前夕，一场突如其来的新冠肺炎疫情汹涌而至。为了保障人民群众的日常金融服务，浏阳农商银行在保证疫情防控的前提下，推出线上预约、弹性营业等措施，实现金融服务“不打烊”。同时，浏阳农商银行出台多项信贷政策，降低贷款利率，加快贷款审批速度，累计让利1亿余元，支持企业复工复产、达产达效，为全市个人及单位提供紧急取现、资金划转、外汇结算、信贷支持等应急金融服务，开辟了疫情防控金融绿色通道。在得知基层卫生院缺乏抗击疫情的医疗设备后，浏阳农商银行通过市红十字会向浏阳市基层卫生院定向捐赠100万元的心电监护仪等设备，有效缓解了基层卫生系统的抗疫压力。

作为时下最热门的话题之一，绿色低碳成为高质量发展的关键词。中国将力争于2030年前达到二氧化碳排放峰值，努力争取2060年前实现碳中和。在绿色转型的战略征程上，浏阳农商银行秉承绿色发展理念，践行“绿色金融”要求，与浏阳市工业和信息化局联合出台实施方案，创新推出“绿色贷”，最高可享受100个基点的利率优惠，为涉及绿色制造、绿色工厂、绿色设计、绿色产品等新型企业提供坚实的金融支持，以金融活水助力绿色产业发展。

浏阳农商银行服务社会的行动已经超脱了金融范畴，体现了一种大爱与担当。这家从农村走出来的商业银行，先后多次为家乡捐资修路、建设学校、资助困难儿童以及孤寡老人，并积极投身于防汛抗险、抗击新冠肺炎、助力绿色经济发展的行动中。据统计，自2010年以来，浏阳农商银行累计捐赠金额达2000多万元，其中员工自发捐赠达460余万元。勇于承担社会责任是现代企业的应有之义。企业的发展，不仅要关注自身企业，更要关注社会。这不仅是对企业的一种升华，是对员工的一种提升，更高度契合了农商银行的未来发展趋势，构建了一种良性循环。

# 第五篇 ►

# 农商银行的未来

19世纪末20世纪初意大利经济学家巴莱多提出了“二八定律”，他认为无论在哪个国度，财富的分配始终不均衡，世界上大部分的财富被掌握在极少一部分人的手里。一直以来，“二八定律”被各家银行视为金融决策的重要依据——80%的银行利润来自20%的重要客户，而其余20%的利润则来自80%的普通客户。因此，在现代银行业长达数百年的相互竞争当中，20%的优质客户成为他们竞相争夺的焦点。

1983年，穆罕默德·尤努斯在孟加拉国创立格莱珉银行，开始致力于为社会弱势群体提供金融服务，当他奔走于各国之间，为穷人大声疾呼的时候，仍然引来了不少非议，许多人把他当成慈善家而不是银行家。

据中国人民大学小微金融研究中心估计，中国有500万~600万户小型企业、6000万~7500万户微型企业、1.8亿~2亿户农户，他们所获得的金融资源非常少，这是中国金融的现状。传统的金融研究认为，小微信贷本质并不是一个追求盈利的商业信贷模型，它不符合我们对于商业银行的传统认知，普惠金融还是一个美好梦想。

普惠金融发展的目标是建立一个生机勃勃的广义普惠金融生态系统，进而更好地发挥金融的各种功能，包容小微企业、农民、商户、低收入群体等，这与我们建设有中国特色的社会主义，推进中华民族伟大复兴的战略目标是高度一致的，因此很快就上升为国家战略。从本质上说，普惠金融就是强调金融要为弱势产业、弱势地区和弱势群体服务，并以市场化、可持续的方式，将其融会到主流金融中，使其成为完整金融体系不可或缺的有机组成部分。2013年11月，以党的十八届三中全会通过的《关于全面深化改革若干重大问题的决定》为引领，中国正式提出发展普惠金融，鼓励金融创新、丰富金融市场层次和产品，普惠金融已经成为中国金融发展的国家战略。随后，以《推进普惠金融发展规划（2016—2020年）》为指导，国务院和中国人民银行、中国银保监会等部门制定并出台了一系列普惠金融发展的政策措施和行动规划，进一步加快了金融基础设施建设，加大了金融创新与探索力度，强化了问责与风险管控机制。

农信社作为实践农村普惠金融的主要力量，一直以来负责落实金融支农工作。以农商银行为主体的农村金融机构，成立的目的便是服务当地小微和“三农”客户。从合作金融中转化而来的农信社体系历经半个多世纪艰难探索，改制后的农商银行从20世纪初亮相中国金融舞台后，不断在普惠金融道路上探索实践。各地农商银行因地制宜，方式是多样的，成果是丰富的。根据中国银保监会公布的《银行业金融机构法人名单》，截至2021年12月31日，我国共有银行业金融机构法人4602家。其中，农商银行1596家，农村信用社577家，农村合作银行23家，占全国银行业的近一半。农商银行的特征之一是涉农贷款占比高。据统计，农商银行70%以上的贷款投向了涉农领域。大型银行涉农贷款总额虽然也比较高，但它们更多面向农业领域的头部大型优质企业，而农商银行服务的是小微型“三农”客户，这才是小微客户的普惠金融。

事实上，农商银行作为草根银行，不享受农信时期的政策护佑，也无真正商业银行体制机制的自由，却能在夹缝中生存，犹如石头缝隙中的小草一般，倔强成长，用将近20年的时间和实践，形成了一个规模庞大的金融体系。如今，回顾这段实践历程，可以得到一个基本发展经验是：凡是坚守初心，坚持支农支小定位的农商银行，发展都很稳健，在与其他商业银行的竞争中并不落了下风，并且会越来越好；反之，凡是那些抛弃根本、脱离主业的，大多处于尴尬的位置，经营状况不佳，步履维艰。

从农信社到湖南省首家农村合作银行，再到湖南省首家农商银行，浏阳农商银行一路改革向前，始终保持“三农”初心，特别是几代浏阳农信人传承发扬优良传统，总结提炼了一系列符合自身实际的发展理念——“小、融、稳”经营之道。依托这套理念和方法论，浏阳农商银行在5007平方公里的浏阳大地上，为150万浏阳居民提供了优质的金融服务，奋力书写了普惠金融的崭新篇章。

# 第十六章　普惠金融的浏阳之力

2021年，一首名叫《孤勇者》的歌曲传唱大街小巷，甚至一度被抖音带火出圈，成为了众多00后年轻人的接头暗号。歌词中的一句：谁说站在光里的才算英雄。可谓是唱出了多少各行各业“孤勇者”们的心声。

三百六十行，行行出状元。换一种视角来看，三百六十行各有各的辛酸苦楚，也有着各自的“孤勇者”。但有一点可以肯定，与三百六十行紧密相关的，就是金融这个“润滑剂”。其实，坚持做普惠金融也是一条需要耐得住寂寞的道路，因为走服务“小微”的道路不仅考验着“走”的水平，更考验着“坚持”的决心。所以，每一家坚持做普惠金融的农商银行都称得上是农村金融市场的“孤勇者”。

坚持普惠金融的道路不动摇，方能守得云开见月明。2021年底，浏阳农商银行存款余额达到404.91亿元，贷款余额达到285.57亿元，利润总额达8.18亿元，无论从规模还是效益上看，都进入了小型商业银行的前列。虽然跟头部动辄万亿元的农商银行相比还有差距，但在广大中西部地区的县级农信机构中，已属凤毛麟角。几十年如一日做普惠金融，使得浏阳农商银行从众多农村中小金融机构中脱颖而出，实现了自身可持续发展和风险控制的统筹兼顾，形成了地方特色的核心竞争优势。

有人说，浏阳农商银行做得好，是因为浏阳经济基础好，地方经济发展也好。浏阳市是湖南省重点建设的五座县级城市之一，已连续多年进入全国百强县，2021年排名全国县域经济与县域综合发展第8位，拥有浏阳花炮、花木、水果等特色产业，经济基础和增长活力都很好。当然，这都是事实，毕竟经济活，金融才能活。浏阳农商银行普惠金融的核心竞争力在哪里，抛开浏阳市域的经济优势条件，其实就在“小、融、稳”经营之道里面，更加精准地来说就是“六力模型”，即高管魄力、工作定力、队伍战力、管理推力、客户引力和联动活力。

第一，要有认准道路的高管魄力。农商银行的高管都应当坚持正确的信念，即坚持走特色化、差异化的普惠金融之路，而不能只片面地追求某些数字上的指标或成绩，或制定决策都从短期利益出发，而放弃了自身最基本的定位。相比之下，正确的信念可以带给农商银行可持续发展的机会；反之，如果把全部精力放在追求短期指标上，虽然有机会获得一时的成绩，却可能导致发展方向的偏差，使农商银行很快丧失继续发展的动力。

第二，要有一干到底的工作定力。“坚持一张蓝图干到底，一届接着一届干”是浏阳农商银行的优良传统。在很多情况下，谋求发展光靠一时的新潮热血是不够的，必须要有一干到底的工作定力，才能持之以恒地向目标迈进，才能收获丰硕的果实。

第三，要有达成共识的队伍战力。从某种意义上来说，执行力是一家农商银行良性发展的必要条件，农商银行的成功离不开好的执行力。“上面千条线，下面一线牵。”农商银行的全部战略、方案、制度和目标都需要依靠干部员工这根线来实现。因此，一支有执行力的农商银行队伍，才能凝聚出队伍战斗力，从而在竞争中脱颖而出。

第四，要有形成体系的管理推力。与大型商业银行相比，农商银行存在一些共性的短板，如战略思维缺失、服务能力不足、科技力量薄弱、合规意识不强等问题。迈入新的时代，农商银行要想实现高质量发展，必须因地制宜，打造具有自身特色的管理体系。通过管理体系形成推力，使员工走出去、业务沉下去，满足“三农”客户的金融服务需求。

第五，要有紧接地气的客户引力。事实表明，客户是农商银行最重要的根基。现阶段，农商行客户是以“50后”、“60后”、“70后”年龄段客户为主，对年轻客户的吸引力偏低，面临着客户年龄层断代的问题。因此，农商银行要耐得住寂寞，禁得住诱惑，顶得住压力，扛得住挑战，抓得住创新，在商业模式和产品服务上推陈出新，以客户为中心，为客户创造价值，实现自身的可持续发展。

第六，要有共生共荣的联动活力。在数字金融的时代，金融机构的商业逻辑也将逐步改变。以往银行更强调竞争逻辑，只要赢过竞争对手，就可以发展生存。但是随着金融产品的同质化以及市场的进一步细分，过度强调竞争逻辑已经不再适用当下的趋势。因此，农商银行要树立起共生逻辑，与跨界的市场主体建立共生共荣的合作关系，实现资源共享、价值共创。

“六力模型”精准概括了普惠金融的浏阳之力，揭开了浏阳农商银行经营管理背后的神秘面纱。

# 第十七章　谁是普惠金融的主力军

从某个角度来看，浏阳农商银行的“小、融、稳”经营之道本质上就是普惠金融的理念和举措。浏阳农商银行的这些理念和举措到底是怎么形成的？有的说是因为现实的需要，有的说是因为时代的要求，还有的说是因为历史的选择。可以肯定的是，这些理念和方法论都是事后的提炼和总结，事实上，浏阳农商银行走的弯路并不少，甚至可以说是碰得头破血流、刻骨铭心。

20世纪90年代初，浏阳农信联社的起点很低，基础也很薄弱，经营状况并没有比同行好多少。当时，浏阳农信联社热衷于垒大户，做大额贷款，吃到了不少苦头。后来，浏阳农信联社痛定思痛，深刻总结教训，立即掉转车头，投身于农村金融市场，走上了“做小、做散、做土”的差异化发展之路。不得不说，浏阳农信联社的改革和转向都是“逼”出来的，由此才有了农户小额信用贷款，才有了整村授信和金融安全区，才有了“小、融、稳”经营之道，才有了今天的浏阳农商银行。

单就整村授信而言，其实并非浏阳农商银行独有。在2000年前后，中国人民银行陆续出台了相关办法和指导意见，要求农信系统在全国范围内推广农户小额信用贷款。然而，有部分农商银行并没有很好地延续和坚持下来。究其原因，或是因为对这件事情背后的商业逻辑认识不清、理解不到位，执行中变了形走了样；或是因为这件事虽然不难，却是一个烦琐而长期的基础工作，并不能在短期内见效。假设，二十多年前，全国农信系统都能把农户小额信用贷款工作扎扎实实地做到位，形成一套行之有效的机制，那么，今天中国农村普惠金融或许会迎来更好的发展局面。

令人遗憾的是，这种运动式的整村授信工作，在短短几年间就归于沉寂。待到2005年，世界银行开始倡导普惠金融，中国的金融机构又纷纷反思自己，向孟加拉国和马来西亚取经，向德国和美国求教，认为“外来的和尚好念经”，而这些舶来的商业模式，在中国特色的金融体系里往往容易水土不服。当时，互联网金融尚未兴起，大数据技术还不成熟，这些金额小、期限短、频次高的贷款对于传统金融方式来说，确实管理成本太高，大量的投入带来微乎其微的产出。说到底，从成本收入上看，大型商业银行觉得这笔买卖不划算。然而，对于浏阳农商银行来说，它没有其他选择，只能扎根农村市场。

在那个年代，浏阳农商银行仍然是不可或缺的普惠金融主力军，其依托地方政府的各级部门，积累了广泛的、本地化的用户信用数据。与大型商业银行重点关注完善的财务报表、抵押物等硬信息不同，浏阳农商银行巧妙地借助“软信息”。不同于财报、纳税材料等书面“硬信息”，“软信息”是通过相关行为来评估贷款的安全性，其中不乏颇富智慧且饶有趣味的内容：看猪圈里的猪养得如何、看夫妻是否和谐、看家庭成员是否赌博、看邻里关系是否和睦……这些“软信息”，都通过一套“政府主导、银行联动、村组推进、农户参与”的“四位一体”评级授信机制来完成，采集农户信息、建立信用档案、构建用户数据库，有了数据库，就可以进行分级授信，让农户在授信额度内，按照需求随时用信，实现“借款像取存款一样方便”。

当下，浏阳农商银行依然是地方的普惠金融主力军。2021年底，浏阳农商银行普惠型涉农贷款余额174亿元，较2017年增长59亿元，年平均增长率为11%；小微企业贷款余额164亿元，较2017年增长69亿元，普惠型涉农贷款和小微企业贷款余额均稳居全市第一位。不仅如此，浏阳农商银行与90%以上的农民建立了存、贷业务关系，推出12个涉农贷款产品，发放了全市99%的“两权”抵押贷款，发放了全市91%的农户贷款，电子银行替代率超过90%。这些数据表明，浏阳农商银行普惠金融的覆盖率、可得性和满意度均在稳步提升。

然而，随着迈入大数据时代，大型商业银行金融服务重心持续下沉。以网商银行和微众银行为代表的互联网银行，通过大数据风控模式的支持，在小微信贷方面进行了有益的创新与探索，对农商银行主力军的地位发起了挑战。那么，农商银行是否还能成为普惠金融的主力军？

答案当然是肯定的。这不是凭空说大话，而是有着清晰的战略逻辑。在大数据时代，让自己的行为符合网络社会和一般社交活动中的社会道德，是建立信用，从而获取金融服务创造条件的基础。支付宝的芝麻信用是从信用历史、行为偏好、履约能力、身份特质、人脉关系五个维度来评价一个人的信用；而腾讯的征信则是从财富、安全、守约、消费、社交五个维度来评定一个人的信誉。互联网给了每个人把自己良好的信用、良好的责任心、良好的愿望表达出来的机会，通过互联网，人们可以更便捷地获得别人的信任，从而获得更好的金融服务。

不过，互联网金融企业也有其痛点。随着数据资产概念的逐步规范，一旦用户数据隐私权受到法律保护，大数据风控模型赖以分析的基础数据，还能在什么程度上被使用仍是未知之数。更何况，互联网金融企业仍是属于“空军”部队，在没有形成“线上+线下”的立体式服务网络之前，能不能将金融服务输送到农村“毛细血管”的末端，还需要时间来检验。

面对竞争者们的挑战，浏阳农商银行围绕着“人”这一核心，通过线上、线下“双轨齐下”，推动“数字化、个性化、网格化、共生化”四化转型，着力构建客户与农商银行的强信用关系。

推动数字化管理。未来，普惠金融战略的落脚点就是数据化管理。在金融科技的支持下，用户无论在任何时间、任何地点、以任何方式接入农商银行系统，均能实现客户信息同步整合及集成管理。这些沉淀积累的数据信息将成为农商银行最重要的资产。

推动个性化理财。随着我国经济社会的不断发展，城乡客户日益增长的财富管理需求日益高涨。资管新规打破刚兑之后，理财产品恢复了风险定价功能。投资者能够根据自身的风险承受能力来选择最适合自己的产品，而理财产品创新可以为投资者提供更加丰富的投资选择，更好地满足居民多样化的金融需求。因此，农商银行要在坚持服务“三农”的基础上，加快理财业务创新，紧跟科技发展，才能巩固自身优势，拓展新的生存空间。

推动网格化服务。在数字金融的时代背景下，农商银行的网点客户流量会不断减少，与客户的面对面接触机会成为稀缺资源。因此，农商银行要变过去的“坐商”为“行商”，除了要解决数字化的线上问题，还要做好网格化的线下服务，通过“金融村官”等抓手，深入农村、商圈、园区、社区等，将“短、小、快、频”的服务优势发展到极致。

推动共生化合作。政府、农商银行和企业都是彼此的供需者，随着金融科技的飞速发展，客户金融需求和消费习惯正在发生深刻变迁。如何适应客户变化、满足客户需求，成为政、银、企的共同任务。在此背景下，政、银、企只有建立共生化的合作模式才能将市场的“蛋糕”越做越大。

数十年的发展变迁，普惠金融的初心始终不曾改变。在浏阳，浏阳农商银行是当之无愧的普惠金融主力军。过去是，现在是，未来依然是。

# 第十八章　农信湘军的责任与担当

“农信湘军”已经成为4万湖南农信人的共同标识。“湘军”的组建源自被称作“半个圣人”的曾国藩。抗日战争期间也有众多湖湘将领、子弟兵投身于救国救民的事业之中，并为此付出了无数的鲜血与生命，于是也就有了“无湘不成军”的说法。如今，“湘军”也从原来的实体概念，逐渐演化为一种文化精神，具体而言就是湖南人所具备的那种“心忧天下，敢为人先”的豪情气概。

“农信湘军”的标识认同也不是一天就得以成形的。自1951年，湖南省内第一家农信机构成立，历经七十余年的风风雨雨，湖南农信以对三湘热土和百姓最深沉的爱与责任，不断做实、做深、做透普惠金融工作，切实当好地方发展的推动者和践行者。通过省农信联社和各农商银行广大干部员工的共同努力，无论是全省农商银行改制完成，还是普惠金融数据领跑湖南各金融机构，湖南农信在金融服务乡村振兴方面不断取得新的重要成果，对于改制以来湖南农信系统具有深刻变革的重要意义。

在收获成果的同时，我们也应该看到，当今全球进入动荡变革期，世界正面临百年未有之大变局，各个国家发展的内部条件和外部环境正在发生深刻复杂的变化。当然，我们更加坚信，在中国共产党的全面领导下，随着党中央稳步推进“三农”工作，助推脱贫攻坚与乡村振兴有效衔接，农信系统“十四五”期间的改革与发展将迎来前所未有的机遇。

重压之下必有“毅行者”。湖南自古讲究“耕读传家”，讲究“家国情怀”，湖南人骨子里有一股坚持，“耐得烦、霸得蛮”，一旦认定方向，就会坚持到底。在地方党委政府的领导下，湖南农信一定能充分把握经济和金融发展的新形势，怀揣一颗服务“三农”的为民初心，拥有一支过得硬、干得好、叫得响和以普惠金融为己任的“农信湘军”，就一定会让普惠金融真正惠及于民。

与此同时，湖南农信站在战略规划和顶层设计的角度，通过“五个着力”，完整、准确、全面贯彻新发展理念，服务和融入新发展格局，坚持创新驱动发展，推动高质量发展，以普惠金融战略转型为主线，协同供应链金融、科创金融、制造业金融、绿色金融发展，服务实体，防控风险，改革创新，在全面服务“三高四新”战略定位和使命任务中增强农信作为。

第一个“着力”体现在做强做优主业。湖南农信加大有效信贷投放，巩固扩展农村“根据地”，重点支持春耕生产、粮食生猪稳产保供、农业优势特色千亿产业发展、农机具购置、高标准农田和乡村建设、一二三产业融合发展，突出做好新型农业经营主体、村级集体经济组织信贷服务，围绕“一村一品”“一镇一业”实施“金融+乡村振兴”工程，继续规范发展脱贫人口小额信贷，以更大力度、更实举措支持乡村振兴工作，确保普惠型涉农贷款投放全面达标。进一步夯实基础客户，持之以恒抓好各类客户营销、维护、挖掘工作，重点加大信贷客户营销力度，高管人员要带头出去跑市场、跑客户，持续扩大对首贷户的真实有效授信，引导授信客户转化为用信客户，以贷款客户的有效拓展带动信贷业务的稳定增长，不断提高客户活跃率、贡献率，构建坚实的客户基础。规范发展资金业务，坚守市场定位，回归信贷主业，合理控制资金规模和增速。持续提升电子银行业务，大力拓展中间业务，抓紧推进新一代电子渠道服务平台建设，进一步扩充手机银行“福祥专区”产品和功能，建设“百行百面”的手机银行，加快推进“福祥e站”建设，将线上产品的快捷优势与线下服务的人缘优势相结合，不断提高市场渗透率，充分发挥金融主力军作用。

第二个“着力”体现在防控化解金融风险。湖南农信建立健全全面风险管理体系，从战略层面高度重视全面风险管理体系建设，健全完善风险管理组织架构和制度体系，实现对各类风险“横向到边、纵向到底”管理，抓牢“第一道防线”，加快“第二道防线”建设，补强“第三道防线”。抓好信贷风险防范化解，持续强力开展不良资产自主现金清收，多措并举加大不良贷款、抵债资产处置力度，切实加强贷款质量管理，提前开展观察期贷款、延期还本付息贷款、关注类贷款中已形成实质风险的贷款风险处置，从严管控年初正常、关注类贷款和当年新发放贷款向不良贷款迁徙，狠抓到期贷款收回率。强化内控合规管理，做好保安全保稳定工作，加大网点安防设施建设力度，加强信息科技安全运维管理，扎实稳妥做好疫情防控、信访处置和消费者权益保护工作，为高质量发展提供安全支撑。

第三个“着力”体现在调优业务结构。持续优化存款、贷款、支出结构，切实加强对存款的规模管理、结构管理、成本管理，积极推进信贷结构的调整，突出支农支小支微的定位，着力压降付息成本和非经营性支出，坚决杜绝各类违规性开支，防止出现打价格战和滥用经费的现象，不断提升精细化管理能力和科学决策水平。

第四个“着力”体现在加快改革创新。湖南农信积极稳妥推进改革创新，增强行业管理效能，进一步理顺省联社、办事处、农商银行职责边界，建立省联社、办事处、农商银行履职的“权力清单”“负面清单”“责任清单”，优化履职行为和方式，将该管的切实管住管好，将不该管的事项逐步下放给农商银行，构建权责明晰、治埋规范、运转高效的行业管理体制，更好地调动省联社、办事处、农商银行三个层次的积极性。进一步强化农商银行的市场主体意识，纠正“等、靠、要”思想，推动农商银行健全完善内部治理结构、治理机制，提升自主经营、自我约束、自我发展、自担风险能力。加快推进金融科技发展，以金融科技规划为指引，重点建好以“福祥四朵云”为代表的IT基础设施平台，为数字化转型奠定坚实基础。加快推进互联网金融业务核心系统群建设，完成关键线上系统回迁，实现线上渠道自主可控，形成线上线下融合的渠道体系。加大产品服务研发推广力度，强化“福祥e贷”平台建设，加快“市州线上快贷”“惠农快贷”“白名单快贷”“线上房抵贷”等已有产品的推广应用，创新研发“商e贷”“流水贷”“消费快贷”等线上快贷产品，促进信贷营销获客。通过不断改革创新破除制约全系统长远发展的深层次矛盾和体制性问题，促进全系统更加高效高能运转。

第五个“着力”体现在加强队伍建设。湖南农信强化正确选人用人的公平公正，贯彻党管干部原则，全面落实新时代好干部标准，坚持德才兼备、以德为先，坚持五湖四海、任人唯贤，坚持事业为上、公道正派，大力培养和选拔有信仰、有才干、有实绩、有担当、有操守的干部，切实把正确的用人导向鲜明树立起来。推行高管人员任期目标责任制，常态化开展任期评价和审计，强化任期激励约束措施，引导高管人员更好地履职。要加强对农商银行高管人员履职评价，进一步优化农商银行高管人员动态考核机制，突出业绩导向，强化考核和审计结果的运用，提升考核结果与薪酬、晋升等挂钩关联度，营造“能者上、劣者下、庸者让”的良好氛围。全面加强队伍建设和人才培养，在坚持“全省一盘棋”前提下开展差异化员工招聘，进一步加强专业技术人才、高端技术人才、复合型管理人才招聘引进力度，提升进人质量。进一步加大绩效考核结果与员工薪酬挂钩力度，建立健全绩效薪酬延期支付和追索扣回机制，逐步推行员工职级管理，建立健全以业绩、贡献、能力为主的职级评定标准和晋升机制，研究制定对特殊岗位、专业人才、优秀员工的差异化激励政策，让员工干事有舞台、工作有奔头，为实现转型发展提供强有力的人才保障。

2021年2月25日，中国脱贫攻坚战取得了全面胜利。当天，“国家乡村振兴局”正式成立，标志着“三农”工作重心转向全面推进乡村振兴。湖南农信作为所处省份农村金融、乡村振兴的主办行，将持续做好乡村振兴金融服务，有了新的发展契机，即将步入新的光荣征程。

如今，越来越多的农商银行被外界所瞩目，浏阳农商银行正是其中之一。在普惠金融的探索之路上，浏阳农商银行不仅具有代表性的典型特例，更凸显了普惠金融的公共特征。据统计，2021年底中国居民财富达687万亿元，金融资产占比31%，财富增速远超美国和日本，财富规模仅次于美国。如此大的金融市场体量，意味着有足够多的样本和模板可供借鉴研究。可以看到的是，每家农商银行都有不一样的发展历程，面临着不一样的市场环境，存在着不一样的挑战与机遇；每家农商银行面对的状况不同，打法、解法自然不同，但是普惠金融的答案肯定一致。如此看来，浏阳农商银行“小、融、稳”经营之道不仅体现了经营管理的“个性”，更反映了“农信湘军”的共性，即走有自身特色的普惠金融之路。

任何一条伟大的河流都发源于涓涓小溪。浏阳河从罗霄山脉大围山北麓缓缓流下，在群山间曲折盘绕，一路西行汇入湘江。而湖南农信的102家农商银行就如同102条有着金融血脉的小河，在共同的奋斗目标下，在三湘大地流动奔腾，最终汇聚成了一条名叫“湖南农信”的浩荡江河，奔向普惠金融的诗和远方……

# 附录

# “小、融、稳”深藏的普惠三境界[①]

众所周知，网红湖南有座网红之城——浏阳，然而，网红之城还有一家鲜为人知的浏阳农商银行，正悄然成长为全国网红农商银行。本人与湖南农信的结缘始于2019年11月，当时应湖南省农信联社邀请为湖南农信系统分享“小而美”差异化经营的做法和经验，并有幸面对面聆听相关领导畅谈湖南农信未来发展的宏伟蓝图，受益匪浅。

今年3月，我又应邀来到浏阳农商银行参加本书编写研讨会，浏阳农商银行作为中西部的一家县域农商银行，他们探索出了一条以小博大、以弱胜强的差异化经营之路，他们在县域农商银行发展大潮中崭露头角，成绩令人惊艳，他们高质量发展背后的“小、融、稳”经营之道和企业文化令人印象深刻，值得全国农信机构学习借鉴。

有幸作为第一批读者读到本书，刚收此书我就特别兴奋激动，一口气泛读了一遍，又沉下心来精读了一遍，书中荡气回肠的浏阳故事令我为之共鸣、为之动容，我为之振奋的是《小而美》之后，又有一家中西部农商银行在坚守道路中悄然崛起，这两本“孪生兄弟”，他们互相验证了农商

① 作者：高剑飞，浙江省农信联社党委巡察组副组长。

银行“姓农、姓小、姓土”的天然血脉基因，他们互相验证了农商银行的道路自信、文化自信、制度自信，他们互相验证了农商银行正确的生存和发展逻辑。

浏阳农商银行是一家以生态进化模式进行传承的银行，历届领导班子对于道路的坚守就如同沁人心脾的生命之泉，为这颗种子的生根、发芽、长叶、开花、结果注入了生机活力。他们虽然处在不同的时代，面临不同的境况，却能理念相通，方向一致，逐步将“做小”由战术升华为战略，并渗透进经营决策、执行、管理、改革的各个方面，筑牢了“小、融、稳”经营之道的根基。当然，浏阳农商银行的成功背后更离不开“农信湘军代言人”李寿树董事长的卓越领导力。李寿树给我的印象是一位扎根群众、善于思考，有“三农”情怀、有坚定信念的领导者，当农商银行面临各种机会和挑战的时候，当基层网点陷入难点和堵点时，他既能高瞻远瞩又能寻根究底，给浏阳农商银行指明清晰的战略方向和战术方针，领导浏阳农商银行进行战略转型，转变经营方式，建立组织文化，让浏阳农商银行厚积薄发，一鸣惊人，最终实现了从全省后进农信社到全国农村商业银行“标杆银行”的完美蝶变。

浏阳农商银行“小、融、稳”经营之道在于接地气、聚人气、有底气，他们的成功体现为差异化、共生化、持续化的三种境界。而这三种境界，相互间呈现为递进和协同的关系。

首先是差异化，各美其美、以小为美。“四小”战略是浏阳农商银行在激烈的县域金融市场竞争环境下，基于深刻洞察机遇和自身资源能力评判下的产物，这其中包含着胆略，也体现了战略远见。战略管理大师波特认为，战略的本质是寻求差异性，走不一样的路。浏阳农商银行的差异化战略就是采取错位发展，甘做别人不愿做、做不了又必须做的事情，一代接着一代干，一张蓝图绘到底，在普惠金融生态系统中不断传承修复、升级迭代，实现了浏阳农商银行的战略突围。

其次是共生化，美人之美、美美与共。“四融”战略是浏阳农商银行差异化战略的升级版，这跳出了传统的竞争思维，寻求协同共生、共建共富，以更好地适应互联网时代变化和挑战，适应乡村振兴和共同富裕的中国梦要求，这是一场“人心”战役，有利于塑造浏阳农商银行的战略大格局，打造农村金融命运共同体。共生战略，不是关注自己拥有多少资源能力，而是看你能承接、聚集多少资源能力，构建生态圈，与生态伙伴们同呼吸、共命运，形成更大的能量场，让浏阳农商银行的生态版图逐渐扩大，生态土壤更加丰厚。

最后是持续化，生生之美、美成在久。没有强有力的执行，再好的战略也会落空。“四稳”战略是浏阳农商银行践行普惠金融的发展愿景、经营路径。普惠金融的难点在于既要保持包容性的“普”和“惠”，又要维系商业可持续性，是一种世界性的难题，是一种创造性的实践。要以“服务为先、风险为基、盈利可靠”的逻辑保障普惠金融可持续发展，均衡普惠金融投入产出。“小、融、稳”经营之道无非是结合了农信定位、自身禀赋和发展环境的产物，将战略领导力贯穿于从战略到执行的全过程，浏阳农商银行正以创造性张力朝着探索出一个市场化的、可持续的、具有中国特色的普惠金融之路前进。

英国作家查尔斯·狄更斯说过，“这是一个最好的时代，也是一个最坏的时代”，我们走在乡村振兴、普惠金融、共同富裕的新时代康庄大道上，但同样面对百年未有之大变局，面临着各种危机和困难。七十载恰是风华正茂，我辈农信人要向标杆农商银行致敬学习，坚持苦修“变与不变”的生存之道，带上信仰、带上思想、带上幸福、带上情怀再出发！走自己的路就是创新，坚持就是最好的创新！

最后建议各位读者，带着“什么是浏阳农商银行发展至今的三种境界”这一问题细细品读此书，期望大家都能在此书中得到收获和感悟。

# 不忮不求　何用不臧　不负初心[①]

"衣敝缊袍，与衣狐貉者立，而不耻者，其由与也？不忮不求，何用不臧？"浏阳农商银行的"三不"原则如同"紧箍咒"，"不贪求"大额贷款高额利息，时刻谨记"做小"的经营理念，在一个个不起眼儿的小业务上做好了金融服务经济、服务民生的大文章，正如孔子夸奖仲由"不嫉妒、不贪求，什么行为能不好呢？"

"因为经历，所以理解；因为理解，所以共情。"读完《普惠金融的浏阳密码》，"小、融、稳"的整体经营结构和由浅至深，由战术、战略到战果的经营框架在我脑海里全面形成，从一张桌子、一把算盘、一支钢笔、两把椅子的农信社，到窗明几净、智能化、便捷化设备全覆盖的农商银行，一代又一代农信人靠着一个背包、一把算盘、两条腿，从前村到后店，风里来雨里去的身影，一幕幕画面不断闪现，就好像在回忆我的农信社生涯，让人不禁热泪盈眶。

《普惠金融的浏阳密码》整本书以朴实的话语娓娓道来，没有华丽的辞藻，却直戳人心，让我在回忆过往的同时，也在浏阳农商银行从探索、

① 作者：范增年，海东农商银行党委书记、董事长。

实践到弯道超车的发展历程中，坚定了今后持续“做小、做散、做精”的信心和决心。作为全国农村商业银行标杆银行，浏阳农商银行立足于多年来服务“三农”、深耕小微的经验和做法，开创出“小、融、稳”经营之道极具借鉴性和可操作性。细细品读“小、融、稳”经营之道，感觉就像在照镜子，与我们自己“普惠金融做人心、小微金融做未来、绿色金融做发展”的经营理念不谋而合，都是始终坚守支农支小的市场定位，把身边的农民群众、小商户、小微企业作为自己的服务对象，践行着普惠金融，就是成为“家乡银行”，保持着“三农”本色和普惠情怀，也是各自客户眼里服务最好、与民最亲的银行，从资产规模、服务对象、风险管理和业务实践中，都形成了“小额存款最稳定、小额贷款最安全、小额客户最扎实、小额业务最亲民”的理念，扎扎实实做好基础业务，稳健经营，不追求盲目发展，不依靠大客户，不做大业务，构建覆盖广、笔数多、金额小的“金字塔”客户结构。

在农信社发展的历史长河里，总有一个基因“如影随形”，不论如何变迁，服务“三农”成为农信系统的天然属性和血脉基因。浏阳农商银行始终坚持“改制不改姓，改制不改向”，坚守服务“三农”、服务小微的市场定位不动摇，坚持党的领导是不变的“根”与“魂”。农商银行自始至终牢牢把握“农商银行姓党”的政治属性和“农商银行姓农”的生命属性，因为有了党的领导，才有了农信社独特的政治优势，才有了农信事业长久发展的顽强生命力，改革不走样、发展不偏航，才能真正行稳致远。

浏阳农商银行推行“人本管理”，家是“家”园文化，都体现了“实干为要、能上能下、任人唯贤”的用人机制，干部提拔始终坚持不论资排辈，致力为想干事、能干事、干成事的员工提供广阔的发展空间，实现自己的价值。坚持“质量”为本，筑牢“稳”的根基，不做大额、不垒大户，面对服务对象和同业竞争者，坚持“让利不让市场、让利不让客户”的经营原则，聚焦拓户扩面，深耕“三农”、服务小微，实现“薄利多销”。找准自己的定位，开展“错位经营”，把握自己网点分布到各乡镇的“广”、走村入户建立起来的人缘地缘联系、信贷审批流程的“短”作为“小法人”银行经营的优势，走出了适合自己的发展道路。

在践行普惠金融过程中，浏阳农商银行把开展农户信用等级评定，培育金融生态环境和农户小额信用贷款作为自身核心竞争力之一，并不断提高农户小额信用贷款的额度，有效满足客户融资需求。从最初通过信用证发放小额信用贷款、“四位一体”评级授信机制全面推广，到“一全两通三行四轮驱动”数字化转型路径，再到数字化技术加持下的“一二三四五六”整村授信；从立借据，到柜台签约，到手机银行放款，再到惠农快贷无感授信，都是秉承“简单、快捷、足额、实惠”八字箴言，以一以贯之的战略定力，做同行“不想做、做不了、看不到”的业务，敢于舍弃、不辞辛苦，最终造就了一代代披荆斩棘的农信人。

“不为业务而业务、跳出业务抓业务。”浏阳农商银行董事长李寿树的这句话讲到了我的心坎里，我一直推崇在做好金融服务的同时，要积极向非金融服务拓展，全面提升服务附加值。而浏阳农商银行“金融村官”“五四三二一”工作原则，让我们看到，将金融服务融入乡村治理、生态民生、扶危救困、乡村振兴等各个方面有了新思路，如同书中所述，因地制宜、因时制宜，将自身置于乡村振兴大战略和县域经济发展大格局之中，才能把稳方向盘，看清前行路，与县域经济相辅相成、共生共荣。

道虽迩，不行不至；事虽小，不为不成。推进普惠金融是农商银行所秉持的“道”，这个“道”是一件件小事的积累，也是一日日不懈的坚守，唯精耕细作、敦行不怠、初心不改，才能勇立潮头！

# 坚守初心　把平凡打磨到极致[①]

浏阳农商银行是成功的，因为数字会说话。一组组亮眼的指标、一项项惊艳的荣耀、一个个经典的案例、一段段感人的故事，都在讲述浏阳农商银行三十年来发展的成功与荣光。

浏阳农商银行的经验是宝贵的，为全国农商银行新形势下寻求高质量发展，从模式到路径都提供了可供借鉴的样板和遵循。浏阳农商银行的做法是可复制的，从坚守定位到转型发展、从企业文化到客户服务、从产品研发到市场推广、从风险防控到效率提升、从团队建设到绩效管理，在贯穿整个经营链条中，没有高深莫测、高不可攀的高难度动作，所思所为都是浏阳农商银行信手拈来的日常工作。浏阳农商银行的成功，是把初心坚守到了永恒，把平凡打磨到了极致。

2017年9月，在一次会议期间，我有幸与浏阳农商银行高管进行过一次时间不短的交谈。在交流过程中，我对浏阳农商银行几十年如一日做普惠金融所积累的宝贵经验非常感兴趣，听得很入迷，感觉“这就是农商银行应有的样子”。当时我就有赴浏阳农商银行学习的想法，但因故一直未

① 作者：李国英，吉林榆树农商银行党委书记、董事长。

能成行留下遗憾。

这次非常荣幸成为《普惠金融的浏阳密码》这本书的首批读者。本书通过全时段、全方位的内容组织和结构设计，全景式展现了浏阳农商银行发展成功的轨迹，读者能够更加深层次领略到浏阳农商银行科学发展、高质量发展的逻辑内涵，对我个人来讲收获更加全面、更加具体、更加深刻。

国家要复兴，乡村必振兴。乡村振兴是我国实现第二个百年奋斗目标最为关键的一环，缩小城乡差距实现共同富裕是社会主义现代化建设的基本要求。在这一伟大进程中，农商银行作为金融服务乡村振兴的主力军，主动思考、主动谋划、主动跟进、主动冲锋，既是责任，也是义务，更是自身发展千载难逢的历史机遇。

浏阳农商银行经营之“道”是客户定位“门当户对”，三十多年经营“一张蓝图绘到底”，历任班子一脉相承，坚持久久为功，用初心、信心、决心、恒心跑出了完美的接力赛，实现与农户小户共同成长；浏阳农商银行经营之“势”是发展定位“顺势而为”，适应国家对普惠金融供给侧大趋势的要求，做到与农户小户高速发展需求侧大形势的契合，在发展过程中又经受住了诱惑，在正心、良心、诚心、耐心下稳中求进；浏阳农商银行经营之“术”是天然的乡里乡情乡土基因，服务上充分体现了真心、精心、善心、爱心，时刻与农户小户保持零距离。

心之所向，行之所至。“定位于小、经营于融、发展于稳”，浏阳农商银行成功的核心精髓就在于此。浏阳农商银行用初心坚守，把平凡打磨到了极致，成功打造的“小、融、稳”农商银行范本，值得学习。

榆树农商银行的转型攻坚刚刚起步，我们会继续以浏阳农商银行“小、融、稳”为榜样，沿着“支农支小、零售转型”之路更加坚定地走下去，走出自己的“土且香”。

# 普惠金融之光　照亮前行之路①

近日，我有幸读到还未付梓的《普惠金融的浏阳密码》一书，正值广东农信系统全省推进普惠金融“户户通”工作，如期应景，再加上来自家乡的先进标杆农商银行经验，心有戚戚，迫不及待地翻看起来，迅速沉浸其中，一睹为快。

## 偶得妙稿　如沐春风

第一遍，全景速览，发现它是一座秀丽的“奇峰”。开篇惊艳，一开始就佩服于作者行云流水般的文字技艺，惊叹于此书严密有序的写作逻辑，羡慕于这家“农信湘军”头顶上众多耀眼的光环。本书完整地介绍了浏阳农商银行“小、融、稳”经营之道的理念及内涵，回首浏阳农商银行的发展轨迹，一眼望去，这个县域金融小冠军就是一座“奇峰”，让我感觉这一座秀丽的“奇峰”里，必定非常人所能看到的风景，非常人所能理解的发展之道。

第二遍，细细品读，发现它是一幅鲜活的“画卷”。全书以时间为纵

① 作者：晏国祥，广东惠州农商银行副行长。

轴，从行社脱钩为起点，给我们展现了一部浏阳农商银行的普惠金融坚持史、探索史、奋斗史、创新史。浏阳农商银行“小、融、稳”的经营理念，就像一棵幼苗，在几代“掌门人”几十年如一日的接续奋斗浇灌下，已长成了参天大树；笔者又以事件、案例为横轴，给我们展现了浏阳农商人如何在实践中坚持“四小、四融、四稳”，其中人物立体饱满，事件简洁扼要，案例经验独到。这部鲜活的普惠金融实践史，让我们广大农村金融工作者们，共情之声油然而生，景仰“见贤思齐”的斗志勃然而起。

第三遍，从厚到薄，发现它是一个可学可鉴的农金典范。抽丝剥茧，反观当下，一些县域农商银行与浏阳农商银行二十几年前有一样的“烦恼与阵痛”，不同的是，浏阳农商银行一开始就选择了普惠金融，一路走来，义无反顾，步伐坚定而自信；相比之下，那些还在“烦恼与阵痛”中的农商银行，仍旧在摸索、在迷惘、在摇摆，他们一边抱怨“金融竞争惨烈”，一边拷问“转型路在何方?”然而，蓦然回首，其实这家“农信湘军”早就回答了——“路，在普惠金融”。就是在融入乡村振兴大战略下，回归本源本位，坚持支农支小的定位，坚持普惠金融的初心使命。

## 追寻答案　近在咫尺

对于县域农商银行，为什么说唯有践行普惠金融的初心使命才是唯一出路？其实，历史已经给了我们答案。

1996年，全国农信社与农业银行“分家”。一摸家底，发现全国大多数农信社的贷款结构都是“高大上”。“高”是不良贷款占比高，已经资不抵债；“大”是贷款垒大户、关联贷款多，风险极大；“上”是亏损金额持续上升。作为当时的浏阳农信联社，也是其中之一。1996年，浏阳农信联社下辖的高风险信用社占比近80%，当年账面亏损450万元，是浏阳农信联社历史上亏损最严重的一年。反思全国农信机构这一“水深火热”的现象，究其根源，本质就是脱实向虚，一味追求所谓的“高大上”，背离了普惠金融的初心使命。

2003年以后，全国农信社陆续进行第一批、第二批改革，搭上了国家改革开放、经济快速发展和自身改革的便车。但残酷的现实是，全国农信机构的发展两极分化严重：一部分农商银行浴火重生，华丽转型，驶上良性发展快车道；然而，有一部分农信社改制新瓶装旧酒，新鞋走老路，一夜之间又重回“高风险机构”，改革成果荡然无存。反思其根源，本质还是喜欢垒大户、傍大款，丧失了普惠金融的初心使命。

与其形成鲜明对比的是，以浏阳农商银行为代表的一批先进农商银行，在行社脱钩后，痛定思痛，深刻反省“做大”的惨痛教训，全面总结“做小”的经验启示，不断激发“做强”的内心呼唤。浏阳农商银行通过几十年如一日坚持不懈地践行普惠金融，探索出了一条“小、融、稳”特色发展之路，实现了地方得发展、群众得实惠、银行得市场、政府得形象多方共赢的良好局面。正如本书所称，这是一家备受关注的标杆银行，这是一家头顶各种光环的银行，这是一家自带新闻流量的银行，这是一家称得上“农信湘军”代言人的银行。无论什么头衔和荣誉，这家“农信湘军”的制胜法宝，背后的秘籍，归根结底是摒弃了“高大上”，拥抱了“小、融、稳”。

对于那些依旧在“烦恼与阵痛”中摸索、迷惘的县域农商银行，相信在浏阳农商银行这家“农信湘军”的发展探索轨迹上，会得到铿锵有力的答案。

## 浏阳模式　可鉴可学

浏阳农商银行“小、融、稳”经营之道，其核心价值体系在于“四小、四融、四稳”，从根本上说，这正好契合了全国大多数县域农商银行的道路选择和发展逻辑。

县域经济的主体普遍是乡村农户、城镇居民、民营经济和个体经营户，县域农商银行所对应的也是小额的客户群体、小额的存款需求、小额的融资需求。浏阳农商银行独特的“四小”理念——小额存款最稳定、小额贷款最安全、小额客户最扎实、小额业务最亲民，浑然天成地与县域经济最鲜明特征做到了最好的对接。这种珠联璧合的天然对接，让一直坚持“四小”的浏阳农商银行越做越大，越走越好。这就是小与大的辩证法，浏阳农商银行把“四小”的实践，变成了普惠金融的大战略。

县域农商银行最大的优势就是“融”入的优势。县域农商银行普遍是当地历史最悠久、员工数量最多、网点覆盖最广、服务乡镇村组最深入、联系广大群众最紧密的金融机构，有着天然的“点多、线长、面广”和“人缘、地缘”等传统优势。这些优势，是其他国有银行、股份制银行、城商银行无法比拟的。浏阳农商银行独特的“四融”理念——融洽员工、融通客户、融入环境、融和社会，与县域农商银行最传统的优势也做到了最好的对接，也是“长板理论”和“木桶理论”生动的阐释。浏阳农商银行通过“四融”理念的实践，把长处和优势发挥得淋漓尽致，如虎添翼，长处变得更长，变成了县域其他银行无法企及的天花板，变成了自身巩固发展根据地的护城河，也变成了与客户、员工、社会、环境共生共荣的大格局。

县域农商银行的发展命脉在于“稳经营”。县域农商银行的“小船”，倘若遭遇外部大风大浪，抑或是遭遇内部管理危机，就有说翻就翻的风险。面对县域农商银行小法人、体量小、客群少、风险平抑和缓释能力弱等天然属性和共性，浏阳农商银行提出了“四稳”理念——稳住方向、稳固根基、稳定质量、稳获商誉。稳住方向，将普惠金融的蓝图干到底，行党委班子不折腾；稳固根基，持续开展“基础客户、基本制度、基层班子”“三基”建设，持之以恒修炼内功；稳定质量，构建符合自身各条线风控体系；稳获商誉，践行商誉就是信誉理念，相信对客户的承诺就是一诺千金。浏阳农商银行通过践行“四稳”理念，加强顶层设计，探索转型创新，着力提质增效，构建全覆盖、全融入、全推进的高质量发展指标体系，全面激发内生动力，实现了行稳致远的大目标。

“世上本来没有路，只是走的人多了也就成了路”。未来，大多数县域农商银行举什么旗、定什么向、走什么路，相信也会从浏阳农商银行“小、融、稳”经营之道中，汲取路径选择的智慧，看清普惠金融的前景。浏阳农商银行几十年如一日的实践，犹如一盏明灯，最大的意义，不仅在于在前行的道路上照亮了自己，同时也照亮了别人。

## 破旧立新　向阳生长

在党的引领下，我国“三农”工作重心转向全面推进乡村振兴。农信机构作为农村金融主力军、乡村振兴主办行，持续做好乡村振兴金融服务，有了新的发展契机。在新时代背景下，我们如何向阳而生？必须破除旧观念、破除旧体系、破除旧机制。

破除旧观念。鲁迅说过，“譬如你说这屋子太暗，须在这里开一个窗，大家是不允许的。但如果你主张拆掉屋顶，他们就会来调和，愿意开窗了。”世上最难的事情，莫过于把你的思想装进别人的脑袋。一些县域农商银行的落后，病根还是思想观念落后。

破除旧体系。爱因斯坦说过，“同一层次的问题，很难在同一层面来解决，只有在高于它的层面才能解决”。当下部分县域农商银行，做小做散没有足够的体系支撑，无法形成海量的小、散、流动的客群；而做大的风险就会更大。这是多么痛的两难处境。

破除旧机制。鲁迅还说过，“同是不满足于现状，但打破常规现状的手段只有两种，一是革新，一是复古”。全面乡村振兴战略已成为基本国策，县域农商银行如果“复古式”循环往复一起照旧，必定是新时代的落伍者，成为滚滚向前新时代的弃子；唯有革新，才能追赶上新时代乡村振兴重大战略机遇期，践行普惠金融，融入乡村振兴，才是县域农商银行的主打牌、主旋律、主方向。因此，必须破除传统等客上门的营销方式，破除老旧的信贷流程和风控机制，破除阻碍转型的组织架构，破除已经过时的绩效考核方式，破除陈旧的人力资源管理模式。这些配套只要是不适应乡村振兴、普惠金融主战略的，都需要变革。

向阳生长，总有一天会遇见阳光。省级联社、县域农商银行，既然选择普惠金融，那就坚定前行，我们该怎么做？

省级联社，坚定不移、持之以恒地为县域农商银行提供思想观念、顶层设计和考核指引。正如书中所说："每家农商银行都有不一样的发展历程，面临着不一样的市场环境，存在着不一样的挑战与机遇；每家农商银行面对的状况不同，打法、解法自然不同，但是普惠金融的答案肯定一致。"因此，省级联社应是普惠金融的思想观念的提供者、顶层设计的制定者、绩效考核的指引者。

县域农商银行法人，满满的是主体责任。主体责任落实关键在党委班子，党委班子关键在"一把手"。因此，"一把手"要率先带头破除旧理念、旧体系、旧机制，树立系统全面可行的普惠金融新观念、新体系、新机制，要在战略方向和战略选择、实施路径和具体措施，以及营销方式、信贷流程、风控模式、绩效考核和用人导向等配套机制上，构建普惠金融服务新体系。

对于中基层干部员工，执行力是关键。我们不能一味地要求员工要有执行力，我们更需要反思，是否做到像浏阳农商银行那样"与员工融洽"，形成家文化、奋斗文化、执行文化。要强化干部员工团队的执行力，首要反问，哪些因素导致团队没有执行力，行党委班子如何解决这些执行力的"肠梗阻"。

普惠金融是一条艰辛而漫长的长征路，这里不是作秀者的舞台，而是实干家的主场；这里不是一蹴而就的脉冲式短期权宜之计，而是一场永远在路上的战略坚守。正如浏阳农商银行，数十年如一日地坚持，才有了今日的光环，而且它还在不断适应新形势、解决新问题，适应新发展、探索新思路。

越努力，越幸运。以浏阳农商银行为代表的一批普惠金融先行者，用有力的事实证明，“幸福的普惠金融光明前景”是靠驰而不息的奋斗取得的。

# 细品“小、融、稳”：感受农商银行优秀基因[①]

幸福的家庭都是相同的，优秀的农商银行也相似。通读《普惠金融的浏阳密码》全书后，熟悉的场景、过往的经历，浏阳农商银行拼搏的干部、奋斗的员工仿佛就在眼前，把我拉入到波澜壮阔的发展长卷中，久久不能挥去。就像乐清农商银行的“小而美”、常熟农商银行的“小微信贷工厂”一样，浏阳农商银行的“小、融、稳”经历了市场洗礼，凝聚了浏阳农信人的文化沉淀，令人印象深刻。

作为一名多年奋斗在农信系统的老兵，初读此书，我被该行的多维创新吸引，被历届班子的勤勉笃行感动，被全员的奋进拼搏所折服；再读此书，我发现透过浏阳农商银行的历程，仿佛触碰到了那些共存于优秀农商银行的底层基因，正是这些优秀的基因引领着我们跨过发展周期，一次次穿越生死线。这些基因在不同的农商银行会以不同的方式呈现，在浏阳农商银行就是淬炼的“小、融、稳”经营之道，就是坚定的普惠金融之路。

浏阳农商银行的发展历程告诉我们：“小”才是大道。在为“嫌贫爱

① 作者：杨涛，陕西西乡农商银行党委书记、董事长。

大”付出代价后，浏阳农商银行坚持“小额存款最稳定，小额贷款最安全，小额客户最扎实，小额业务最亲民”的“四小”经营理念，以客户为本，躬耕最基层、最广大的农村市场，把潜力变成红利。在“做大”的教训、“做小”的红利和“做强”的呼唤三重烈火淬炼中，浏阳农商银行的普惠金融之路更加坚实和开阔，并在双循环的新形势下更显优势。

浏阳农商银行的管理实践告诉我们：“融”才有深度。浏阳农商银行在推进普惠金融的过程中，凭借融洽员工、融通客户、融入环境、融和社会的“四融”理念，将企业、员工、社会紧紧绑在一起，占据了一个良好“生态位”，打造经营的“护城河”；对员工，一条简单的“事必回复”，具体高效，拉出一支强执行力的管理队伍；对客户，用发展的眼光看未来，成就客户，形成了“近悦远来”的磁吸效应，培育了周开明、蒋剑峰等一批明星企业家，成就了东信烟花集团这样走出国门的优秀企业；对政府，久久为功，打造良性生态圈，既把政府当客户，又把政府当后盾，找到普惠金融与商业可持续发展的平衡点，建立政府、客户、农商银行之间牢不可破的关系纽带，成为浏阳老百姓的“首选银行”。

浏阳农商银行的岁月沉淀告诉我们：“稳”才能致远。通过从战略规划、制度建设、风险偏好等多层面入手，坚定服务“三农”的初心方向，夯实“三农”市场根基，一路改革向前，稳健发展。党委班子不折腾，一代一代接力，把家底做实，把基础打牢，让浏阳农商银行厚积薄发；坚持不懈地抓中层队伍建设，稳固根基，带出一支创业有责、守土有责、拓业有责的“自家军”；采取以人品为核心的客户甄别手段，实行“权、责、利”三统一的制度设计，处处体现“以人为核心”的风控理念，提升客户与客户经理的互信强度；以普惠金融为发展目标，以推动共生化合作为路径，践行了农信人的责任和担当。

经营与管理只是进行时，要体现在过程中。浏阳农商银行在不断地管理实践中将“小、融、稳”的理念融会贯通到经营管理的每个环节、每个流程中，再以创新服务之术，固化成体系并不断完善，守住普惠金融之道，化茧成蝶，成就自我。从2008年的“四位一体”评级授信到2019年的“一二三四五六”的整村授信，变的是手段、是工具，不变的是“做小”的定位和服务“三农”的初心。2020年，浏阳农商银行又创造性地提出“金融村官”方案，以党建共创为抓手，让自己更深层级地融入“三农”，筑牢共生共荣的发展根基，牢牢抓住社区营销的核心，将普惠金融全面落实落深，为基层社会治理贡献了农信力量。

立足当下，着眼未来，西乡农商银行也将继续对标浏阳农商银行，坚守“因农而生、为农而美、支农而活、富农而兴”的初心使命，发扬农商银行“三农”基因的优势，坚持创新引领，把身子再躬下一点，把我们的服务细化融入到基层社会治理的方方面面，在普惠金融的大道上书写共同富裕的壮美篇章！

# 后记

浏阳农商银行的普惠金融密码是什么？答案就是“小、融、稳”。为了找寻这个答案，浏阳农商银行前后用了七十余年时间，历经了数代农信人，最终才逐步得以成形。可以说，一个“小”字，奠定了浏阳农商银行的业务根基；一个“融”字，奠定了浏阳农商银行的情怀根基；一个“稳”字，奠定了浏阳农商银行的发展根基。“小、融、稳”既概括了浏阳农商银行差异化的竞争力，又彰显了“农信湘军”的个性与共性。因此，本书便围绕着“小、融、稳”三个字而展开。

图书创作是一个系统工程。本书创作从阳春三月启动，历经春夏秋冬的四季更迭，最终在不足一年的时间里完成书稿。对于我们这些从未有过图书出版经验的“小白”来说，无疑是一个极大的挑战。然而，决心是成功的开始，我们怀揣着对农信事业的满腔热情，迸发着“世上无难事，只要肯登攀”的激情活力，摸着石头过河，一点点探索，一步步前进。当然，在诸多探索之中，既有酸甜苦辣，也有磕磕碰碰，但更多的是对普惠金融道路的坚定与自信。正因如此，我们想借此机会，将本书创作过程梳理记录，以供读者参阅。

我们始终相信，好的作品需要独特视角。在创作初期，中国农村金融杂志社朱进元社长亲临浏阳调研，为《普惠金融的浏阳密码》图书创作提供了有益指导和帮助；石义斌副总编辑数次来访浏阳，参与调研座谈会，为我们梳理图书出版的脉络；湖南省农信联社党委领导班子为本书创作提供了大力支持和精准指导，在他们的精准指导下，该书的策划、组稿、编辑乃至出版印刷等各个环节顺畅衔接、高效运转，让我们的工作事半功倍。浏阳农商银行高管团队全程参与本书创作，亲自梳理提纲，编写书稿章节，为全书注入了“小、融、稳”的灵魂。最后，在各位领导、专家的悉心帮助下，我们经过大量论证推敲，形成了“四小、四融、四稳”的核心价值体系，以一种较为精准的视角来解读浏阳农商银行的普惠金融密码。

我们始终相信，好的作品需要感人的故事。在创作之初，我们秉承着“听不如看，看不如实地调研”的钻研精神，走访了黄贤春、罗继红、罗成林、廖楚伦等一批前任中高层管理干部，访谈了李寿树、胡琦文、寻文欣、毛圣、姚斌、刘志阳、余中付、李俊山等现任高管团队，专访了刘鹏飞、黄俊平、周先淼、刘志强、张洪、张常荣、徐文达、周震、李剑、谭日光、陈阳根、曾显和、刘胜、陈建成、赵辉、何无含、涂绪平、刘武等一批骨干管理者，走访了周开明、蒋剑锋、李昌初、李先祥、钟自奇、刘文、吴伏平等一众客户，广泛搜集了大量的第一手资料。在此之后，我们与各条线领导、业务骨干及基层员工一同组织了大量调研座谈会议，细化创作大纲，分解写作任务，挖掘好的管理理念和感人故事。我们这群有着不同教育背景、不同社会经历的“浏阳农商人”紧紧围绕着“小、融、稳”的创作主题，各抒己见、畅所欲言，感受着思维碰撞的火花。当然，我们也认识到，自身的调研工作仍有很大的提升空间，还有很多人、很多事，我们没有来得及去挖掘和发现，期待后续能够完善。

我们始终相信，好的作品需要反复打磨。从《普惠金融的浏阳密码》创作调研座谈会开始，我们着手拟定该书创作大纲，其间组织大纲征集讨论会多次，征集湖南省农信联社党群工作部、办公室、人力资源部、规划发展部、信贷管理部等部门意见和浏阳农商银行各部室建议。在最后出版阶段，中国农村金融杂志社组织了十余位专家评审，对本书的文稿质量、出版价值、观点立意等方面进行专业指导，帮助我们对书稿内容打磨提升，直至本书最后定稿。

在定稿之后，我们有幸邀请到了中国农村金融杂志社党委书记、社长朱进元同志，中国社会科学院金融研究所副所长、国家金融与发展实验室副主任张明同志为本书作序，对浏阳农商银行的《普惠金融的浏阳密码》图书进行推介与点评。浙江省农信联社党委巡察组副组长高剑飞，海东农商银行党委书记、董事长范增年，吉林榆树农商银行党委书记、董事长李国英，广东惠州农商银行副行长晏国祥，陕西西乡农商银行党委书记、董事长杨涛分别从不同角度，结合自身经营管理的“所思所想”，对本书进行了赏析解读。

本书的出版发行，得到了中国金融出版社编辑团队的大力支持，在本书付梓出版之际，我们谨对上述各位领导、专家的厚爱与帮助，致以深深的敬意！在本书创作过程中，更多的领导、同事、同仁以各自的方式提供了无私的帮助，为全书增添了不少色彩，我们在此一并表示真挚的感谢！

世间万事实难十全十美。在本书创作中，我们虽竭心尽力，但可能离我们心中所设想的“好”作品尚有差距。倘若本书字里行间的质朴情感能引起您的共鸣，其中的感人故事能稍稍触动您的心扉，其中的一些普惠金融做法和理念能给您些许参考，那么，本书的创作目的也就达到了。

英国著名的登山家乔治·马洛里说过：“为什么登山？因为山就在那里。”浏阳农商银行为什么做普惠金融？因为做普惠金融就是农商银行的本分。在我们看来，做普惠金融不是在康庄大道上的漫步直行，而是一场无止境的登山之旅。我们相信，虽然普惠金融的山路或许崎岖，或许蜿蜒，但沿途的风景总能让你我心旷神怡，给予我们继续前行的勇气。

普惠金融一直在路上，以此共勉！

编　者

2022年10月

# 《中小银行卓越管理丛书》已出版图书

**小而美**

——一家小银行的逆势破局之道

**飞燕筑梦**

——常熟农商银行小微金融模式解码

**四梁八柱**

——县域银行的经营哲学与管理智慧探析

中国农金30人论坛

互学互鉴　共创共享